7단계 STEP 7

정돈된 신앙을 위한 7단계 성경공부

김상복 목사 편저

신교횃불

정돈된 신앙을 위한 7단계 성경공부

1998년 4월 30일 초판 2쇄 발행
2014년 10월 10일 2판 1쇄 발행
지은이 김상복
발행처 도서출판 선교횃불
등록일 1999년 9월 21일 제54호
등록주소 서울시 송파구 백제고분로 27길 12(삼전동)
전 화 (02) 2203-2739
팩 스 (02) 2203-2738
이메일 ccm2you@gmail.com
홈페이지 www.ccm2u.com

7단계 STEP 7

정돈된 신앙을 위한
7단계 성경공부

이 교재는

예수 그리스도를 자신의 구주로 믿고 마음에 영접한 사람은 하나님의 자녀로 거듭난 구원받은 사람입니다. 한 아기가 태어나면 음식을 먹고, 걷고, 성장해 나가는 것처럼 하나님의 자녀도 영적으로 자라나야 합니다. 그러기 위해서는 어느 교인이나 토대를 잘 쌓아야 합니다.

예수를 믿는 분들 중에도 체계적인 성경공부를 해본 분들의 수가 많지 않습니다. 그래서 본 교재는 여러 해 전, 제가 미국에서 처음으로 한인교회를 목회할 때, 적절한 성경공부 자료가 없어서 저희 신학대학의 학생들이 전도를 나가서 결신자가 생기면 사용하던 교재인데 미국 본부에 허락을 받아 다시 편집해서 출판하게 되었습니다.

교인이면 누구든지 한번은 거쳐야 할 성경공부입니다. 새 결신자인 경우에는 이 과정을 거쳐서 세례를 베풀어 왔는데 좋은 결과를 보았고 지금도 보고 있습니다.

이 교재는, 일반교우나 새신자를 막론하고 사용할 수 있습니다. 개인 성경공부로 한 과목씩 집에서 공부할 수도 있고, 교회에서 반을 조직해서 사용할 수도 있습니다. 신자가 아니더라도 영적 흥미가 있는 분에게 이 공부를 권하면 그 결과로 결신하는 분들이 많이 생겼고, 교회생활을 해왔지만 정돈된 신앙이 필요한 이들에게는 확실한 믿음이 생길 것입니다. 따라서 누구에게나 추천하고 싶은 교재입니다.

공부를 마치면 수료증을 줄 때, 수료자 중에 한두 명을 선정하여 간증을 듣는 것도 큰 격려가 될 것입니다.

이 교재는 전세계 한인 이민자들 사이에서 그 동안 쓰여져 왔고 한국에서도 이미 곳곳에서 사용되고 있습니다. 여러분에게도 큰 도움이 되길 바랍니다.

2014년, 김상복 목사

이 교과는 「정돈된 신앙을 위한 7단계 공부」로서 누구나 한번은 반드시 공부해야 할 내용들로 꾸며졌습니다. 또한 기독교의 기본 진리를 토대로 한 이 교과는 기초적인 신앙을 정리하여 주고 하나님과 더 가까이 교제할 수 있도록 도와줄 것입니다.

이 교과를 공부하기 전에 말씀에 대하여 단순히 믿고 의지하는 태도로 먼저 하나님께 간절히 기도 하십시오. 하나님의 감동으로 된 말씀을 믿고 바르게 이해하여 순종하고, 실제로 삶 속에 적용할 수 있도록 도움을 구하십시오. 특히 본 교과는 아주 쉽게 설명되어 있으므로 차근차근 조심스럽게 읽고 반복해서 읽는다면 쉽게 이해할 수 있을 것입니다.

교과에 제시된 성경구절은 하나하나 성경을 찾아가며 소리 내어 읽고 암송하도록 하십시오. 생활 가운데서 신앙으로 이끌어 주는 등불이 될 것입니다. 이 교과를 단계적으로 충실히 공부하십시오. 그러면 참된 영적 성장을 위한 밑알이 될 것입니다. 또한 말씀의 살아있는 활력을 체험할 수 있을 것이며 더욱 가까이 하나님을 만날 수 있을 것입니다.

◆ 차례

1

STEP

천국이라고 부르는 나라

7단계 STEP 7

천국이라고 부르는 나라

STEP 1

❶ 당신은 어느 곳을 향해 가겠는가?

❷ 천국은 어떤 곳일까?

❸ 어떻게 천국에 갈 수 있을까?

❹ 우리에게 주신 하나님의 선물

❺ 어떻게 예수 그리스도를 나의 구주로 받아들일 수 있는가?

당신의 기초적인 신앙을 정리해 줄 「정돈된 신앙을 위한 7단계 공부」 제1과 '천국이라고 부르는 나라'에서는 당신의 인생에 있어서의 천국과 지옥, 멸망과 영생에 대한 두 갈림길에 대하여 배우고, 천국에 대해서도 배우게 됩니다. 그리고 죄와 죄의 문제에 대한 해결 방법을 배우고, 영생과 구원, 하나님의 자녀가 되는 길을 배우게 될 것입니다.

당신은 제1과 공부를 통하여 천국에 대한 소망을 가지게 될 것입니다. 뿐만 아니라 당신의 죄를 깨닫게 되고 하나님의 사랑을 체험하게 될 것이며, 예수 그리스도를 통한 구원과 영생을 소유하게 될 것입니다.

당신이 제1과 공부를 마칠 즈음에는 새로운 삶의 시작으로 흥분되고 희망이 샘솟는 것을 느끼게 될 것입니다.

계속해서 기도하는 것과 공부하는 것, 때로 암송하는 것, 그리고 삶 속에서 순종하는 것을 게을리하지 마십시오. 그것을 위해 하나님께 간구하십시오.

"너희 중에 누구든지 지혜가 부족하거든 모든 사람에게 후히 주시고 꾸짖지 아니하시는 하나님께 구하라 그리하면 주시리라 오직 믿음으로 구하고 조금

도 의심하지 말라 의심하는 자는 마치 바람에 밀려 요동하는 바다 물결 같으니”(약 1:5-6)

당신은 언젠가
‘내가 어디에서 왔을까?’
‘무엇 때문에 이 세상에 살고 있을까?’
‘나는 어디로 가고 있는 것일까?’
하는 문제들에 관해 생각해 보신 적이 있을 것입니다. 이런 매우 절실한 문제에 대하여 성경은 분명한 해답을 주고 있습니다.

◆ **어디서 왔을까?**

우리들은 하나님께로부터 왔습니다. 태초에 하나님께서 자기의 형상대로 인간을 창조하셨습니다(창 1:26-27). 지·정·의를 가진 인격체로서 하나님과 교제하도록 창조되었지만 인간은 하나님을 배반하여 하나님과 분리되었고 교제 단절의 상태로 하나님을 떠나야만 했습니다(창 3장).

◆ **무엇 때문에 이 세상에 살고 있을까?**

우리들이 이 세상에 살고 있는 이유는 하나님께로 가는 길을 찾아 그분께 되돌아가기 위해서입니다. 다시 하나님과 교제할 수 있는 존재로, 창조의 본래 상태로 돌아가기 위해서입니다.

◆ **어디로 가고 있는 것일까?**

우리의 삶은 육체의 죽음으로 끝나지 않습니다. 우리가 보통 알고 있는 육체의 죽음 이후에 영원한 삶이 있다고 성경은 말합니다(히 9:27). 그런데 그 영원한 삶이 축복이 있는 생명의 삶인가 아니면 저주받은 멸망의 삶인가 하는 문제는 아주 중요합니다. 우리는 둘 중의 한가지 길을 향해 가고 있기 때문입니다.

1. 당신은 어느 곳을 향해 가겠는가?

싫든 좋든 우리는 어느 한 길을 가야 합니다. 세월이 지날수록 우리는 어딘가를 향해 가고 있음을 느낍니다. 그리고 보이지 않는 긴 삶의 끝에 대하여 누구나 올바른 길, 행복이 있는 길을 기대합니다. 그리고 그런 길이 보장된 평탄한 길을 가기 원합니다.

지금 당신이 가고 있는 길은 어떤 길입니까?

잠깐 가던 길을 멈추고 한번 살펴보십시오. 그러면 우리 앞에 놓여 있는 두 개의 '갈림길'을 분명히 보게 될 것입니다. 어느 누구도 우리를 대신하여 그 길을 선택해줄 수도 없고, 대신하여 어떤 한 길을 갈 수도 없습니다.

그러나 다행스럽게도 우리에게는 두 갈림길의 방향이 어떤 곳인가에 대하여 예수 그리스도께서 정확하게 알려주고 계십니다.

"좁은 문으로 들어가라 멸망으로 인도하는 문은 크고 그 길이 넓어 그리로 들어가는 자가 많고 생명으로 인도하는 문은 좁고 길이 협착하여 찾는 자가 적음이라"(마 7:13–14)

한쪽 길은 목적지를 향하여 전진할 수 있는 지름길이지만 좁고 험한 길이며, 다른 쪽의 길은 목적지를 등져 조금 멀리 돌아서 가야 하지만 매우 넓고 쉽게 갈 수 있는 길입니다.

우리는 이 두 갈림길에서 한쪽의 길을 선택하여 갈 수밖에 없습니다.

넓은 멸망의 길과 좁지만 영생이 있는 천국의 길을 그리스도께서 알려주셨습니다. 우리는 스스로 선택해야만 합니다.

2. 천국은 어떤 곳일까?

요한계시록 21:1~22:5에는 천국에 대하여 매우 자세히 묘사하고 있습니다. 그곳은 행복과 기쁨, 즐거움만이 가득한 아름다운 곳입니다. 눈물도 없고, 고통도 없는 곳이며, 굶주림도, 죄악과 어둠도 없고 죽음도 없는 곳입니다. 또한 갖가지 보석으로 단장되어 있다고 성경은 말하고 있습니다.
우리는 그곳에 어떻게 갈 수 있습니까?

(1) 천국에 가려면

천국에 가기 위해서 우리는 꼭 한 가지 해야 할 일이 있습니다.
예수 그리스도를 나의 구세주로 영접해야 합니다.

(2) 왜 예수 그리스도가 필요합니까?

"의인은 없나니 하나도 없으며"(롬 3:10)
"모든 사람이 죄를 범하였으매 하나님의 영광에 이르지 못하더니"(롬 3:23)

의인이란 의로운 사람, 선한 사람, 아무 흠이 없고 죄와는 관계가 없는 사람을 말합니다. 그런 사람이 한 명도 없다고 성경은 단정하고 있습니다. 또 성경은 모든 사람이 죄인이라고 말하고 있습니다.
구약에는 모세를 통하여 이스라엘 백성에게 명령하신 10가지 계명이 있습니다.
이것이 십계명입니다.

십계명

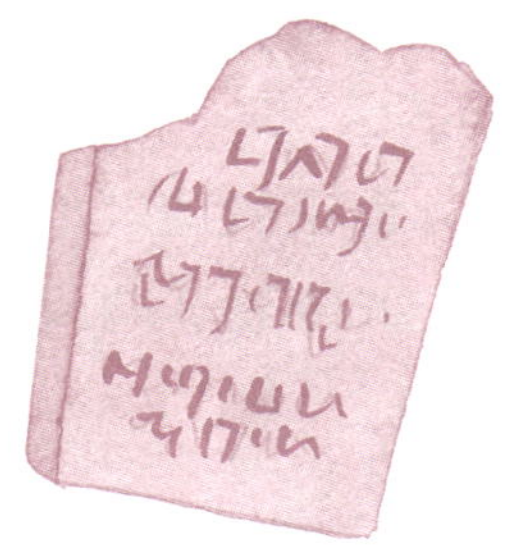

그러나 사람들은 하나님의 계명인 십계명을 지키지 않고 계속해서 죄를 지으며 마음대로 살아갔습니다.

"우리는 다 양 같아서 그릇 행하여 각기 제 길로 갔거늘…"(사 53:6)

여전히 죄를 지으며 죄인의 상태로 살아가고 있습니다.
다음에 제시된 성경구절에서 성경은 죄를 무엇이라고 묘사하고 있는지 찾아서 요약해 보십시오.

- 이사야 1:2 ____________________
- 요한복음 16:8-9 ____________________
- 야고보서 4:17 ____________________
- 요한일서 2:22 ____________________
- 요한일서 2:9, 3:15 ____________________
- 요한일서 2:6 ____________________
- 로마서 3:23 ____________________
- 데살로니가후서 1:8 ____________________

말씀에 비추어 볼 때, 당신은 죄인이라고 생각하십니까?
예 (   )   아니오 (   )

그렇습니다. 우리는 죄인이기 때문에 우리에게는 죄 없으신 예수 그리스도가 필요합니다. 오직 그분만이 우리 죄를 없이할 수 있기 때문입니다.

(3) 죄의 결과

죄에는 반드시 형벌이 있습니다. 그것은 막연한 무언가가 아니라 분명한 결과입니다. 성경은 그것을 말해주고 있습니다.

"죄의 삯은 사망이요…"(롬 6:23)

이것은 영원한 지옥에 빠지게 되는 것을 의미합니다.

죄는 우리와 하나님을 단절시키고 분리시킵니다.

"모든 사람이 죄를 범하였으매 하나님의 영광에 이르지 못하더니"(롬 3:23)

죄의 결말을 성경은 멸망의 형벌이라고 분명히 말하고 있습니다.

"하나님을 모르는 자들과 우리 주 예수의 복음에 복종하지 않는 자들에게 형벌을 내리시리니 이런 자들은 주의 얼굴과 그의 힘의 영광을 떠나 영원한 멸망의 형벌을 받으리로다"(살후 1:8-9)

3. 어떻게 천국에 갈 수 있을까?

(1) 예수 그리스도를 영접해야 합니다.

당신의 죄를 자백하여 죄로부터 돌이켜 회개함으로 예수 그리스도를 당신의 구주로 모셔들이면 하나님께서 당신을 하나님의 자녀로 삼으신다고 말씀하셨습니다.

"영접하는 자 곧 그 이름을 믿는 자들에게는 하나님의 자녀가 되는 권세를 주셨으니"(요 1:12)

허물과 죄로 인해 죽음의 상태에 있었던 우리에게(엡 2:1) 예수 그리스도를 믿으면 우리에게 있는 죄를 사하여 준다고 말씀하셨습니다(행 10:43).

그리고 예수님은 자신을 믿는 사람들에게 영생을 약속하십니다.

"…나는 부활이요 생명이니 나를 믿는 자는 죽어도 살겠고"(요 11:25)

(2) 오직 믿음으로만 구원받을 수 있습니다.

사람은 근본적으로 죄인입니다(막 7:20-21). 모든 사람이 그렇습니다(롬 3:23). 우리들은 말이나 행동에 잘못이 있습니다. 또한 에베소서 2:8-9에서

"너희는 그 은혜에 의하여 믿음으로 말미암아 구원을 받았으니 이것은 너희에게서 난 것이 아니요 하나님의 선물이라 행위에서 난 것이 아니니 이는 누구든지 자랑하지 못하게 함이라 "(엡 2:8-9)

고 말씀하셨습니다. 인간의 어떤 방법으로도 하나님께 이를 수는 없습니다. 구원은 우리의 행위에서 오는 결과가 아닙니다. 하나님께서 우리에게 값없이 주시는 은혜인 것입니다.

(3) 누구나 천국에 갈 수 있습니다.

천국에 갈 수 있는 사람의 자격이 따로 있는 것이 아닙니다.

"누구든지 주의 이름을 부르는 자는 구원을 받으리라"(롬 10:13)

고 말씀하셨습니다.
또한 '내게 오는 자는 절대로 쫓아내지 않는다'고 말씀하셨는데 이것은 누구든지 예수께로 와서 그를 개인의 구주(구원자)로 영접하고 믿는 사람은 구원을 받게 된다는 것입니다. 천국의 시민권을 취득하는 것입니다.
죄인인 우리를 구원하는 것은 하나님의 희생적이며 우리를 향한 그분의 무한한 사랑이기 때문에 우리는 특정한 자격을 내세울 수 없습니다.

4. 우리에게 주신 하나님의 선물

우리는 우리 자신을 구원할 수 없습니다. 그래서 하나님은 우리에게 구주를 보내주셨습니다. 하나님은 자신의 아들을 우리 죄의 대속물로 내어 주셔서 십자가에 못박으심으로 우리의 죄를 씻어 주시고 우리를 구원하셨습니다.

"우리가 아직 죄인 되었을 때에 그리스도께서 우리를 위하여 죽으심으로 하나님께서 우리에 대한 자기의 사랑을 확증하셨느니라" (롬 5:8)

하나님은 우리가 죄인임에도 불구하고 우리에 대한 값진 사랑을 친히 보여주셨습니다.

"하나님이 세상을 이처럼 사랑하사 독생자를 주셨으니 이는 그를 믿는 자마다 멸망하지 않고 영생을 얻게 하려 하심이라" (요 3:16)

위의 성경구절에서 '세상'은 무엇을 뜻합니까?

'믿는 자마다'라고 한 것은 무엇을 의미합니까? 그것은 신분과 명예, 외적인 조건을 배제하는 것을 말합니다. 단순히 예수 그리스도를 믿는 모든 사람을 말합니다. 우리가 죄인임에도 불구하고 하나님께서는 독생자를 주셔서 우리의 죄를 대신 담당하게 하셨습니다. 그것은 우리가 멸망하지 않고 그리스도 안에 있는 영생을 얻게 하기 위한 너무나 큰 하나님의 선물입니다.

◆ 아래의 빈 칸에 당신 자신의 이름과 가족·친구의 이름을 넣어 읽어 봅시다.
"하나님이 ________을(를) 이처럼 사랑하사 독생자를 주셨으니 이는 그를 믿는

________(이)가 멸망하지 않고 영생을 얻게 하려 하심이라"

5. 어떻게 예수 그리스도를 나의 구주로 받아들일 수 있는가?

예수 그리스도는 우리 죄를 위하여 십자가에서 돌아가셨지만 그는 하늘과 땅 위의 모든 권세를 가지신 분으로 지금도 살아계시는 부활하신 구세주입니다.
당신이 말씀을 따라 믿고 순종하기만 하면 됩니다.

"네가 만일 네 입으로 예수를 주로 시인하며 또 하나님께서 그를 죽은 자 가운데서 살리신 것을 네 마음에 믿으면 구원을 받으리라 사람이 마음으로 믿어 의에 이르고 입으로 시인하여 구원에 이르느니라"(롬 10:9-10)

또한 우리에게 하나님의 자녀가 될 수 있는 권세를 주셨는데 그것을 마음에 믿으면 됩니다.

"영접하는 자 곧 그 이름을 믿는 자들에게는 하나님의 자녀가 되는 권세를 주셨으니"(요 1:12)

당신이 말씀에 따라 확신을 가질 수 있도록 예수 그리스도께 도움을 청하십시오.
당신에게 구원의 확신을 주실 것입니다.

"내가 진실로 진실로 너희에게 이르노니 내 말을 듣고 또 나 보내신 이를 믿는 자는 영생을 얻었고 심판에 이르지 아니하나니 사망에서 생명으로 옮겼느니라"(요 5:24)

당신의 과거와 현재, 미래가 어떻게 바뀌었습니까?

■ 현재 : ___

■ 미래 : ___

■ 과거 : ___

당신은 이제 당신 인생의 두 갈림길에서 어느 길로 가야 할지를 결정할 때가 되었습니다. 당신은 당신의 죄로부터 돌아서서 예수 그리스도를 구주로 영접하여 영생의 삶을 살아갈 것인지, 아니면 영원한 멸망이 있는 죄의 길로 계속해서 갈 것인지 결정하지 않으면 안됩니다.

어느 길을 택하시겠습니까?

다음 몇 개의 성경구절을 찾아보십시오. 당신의 천국의 길에 대한 더 견고한 확신을 갖도록 도와줄 것입니다.

■ 요한복음 10:28-29 ___

___

■ 베드로전서 1:18-19 ___

___

■ 에베소서 1:7 ___

■ 요한복음 3:36 ___

■ 요한일서 5:13 ___

■ 갈라디아서 3:26 ___

■ 빌립보서 3:20 ___

당신이 이제 마음속에 예수 그리스도를 모셔들일 수 있다면 이렇게 기도해 보십시오.

"주 예수님, 저는 죄인입니다.

저는 예수님께서 하나님의 아들이신 것을 믿으며,
저의 죄를 위해 죽으신 것을 믿습니다.
지금 당신께서 저의 모든 죄를 용서해 주시고
당신이 저의 구주와 주님으로 제 마음속에 들어 오셔서
함께 동행하여 주시기를 기도합니다.
예수 그리스도 이름으로 기도합니다. 아멘."

- 날짜 : ______________________________
- 이름 : ______________________________

요한계시록 3:20을 묵상해보십시오.
이제 하나님께서는 당신을 자녀로 삼으셨을 뿐만 아니라 당신을 떠나지 않겠다고 약속하십니다.

"…내가 결코 너희를 버리지 아니하고 너희를 떠나지 아니하리라"(히 13:5)
"사람이 만일 온 천하를 얻고도 자기 목숨을 잃으면 무엇이 유익하리요"(막 8:36)

제1과 암송요절

• 히브리서 9:27 • 로마서 3:23 • 로마서 6:23 • 요한복음 1:12
• 요한복음 3:16 • 요한복음 5:24 • 요한계시록 3:20

◈ 요약을 위한 질문

1. 우리의 삶에 있어 두 가지 갈림길은 무엇입니까?(마 7:13-14)

____

2. 요한계시록 21-22장을 읽고 천국에 대하여 이야기해 보십시오.

____

3. 죄에 대하여 묘사하고 있는 다음 성경구절을 찾아 보십시오.

① 이사야 1:2 ______________________________

② 요한복음 16:8-9 ______________________________

____

③ 야고보서 4:17 ______________________________

④ 로마서 3:23 ______________________________

- 그 밖의 죄에 대해 묘사하고 있는 다른 성경구절을 더 찾아 보십시오.

____

4. 죄의 결과는 무엇입니까?(롬 6:23, 살후 1:8-9)

____

5. 어떻게 죄의 문제를 해결할 수 있습니까?(요일 1:8-9)

____

6. 어떻게 구원을 받을 수 있습니까?(엡 2:8-9)

____

7. 우리에게 주신 하나님의 선물은 무엇입니까?(요 3:16)

____

8. 왜 우리에게 예수 그리스도가 필요합니까?(롬 3:23)

____

9. 요한복음 1:12에서 영접하는 자에게 무엇을 주셨습니까?

____

10. 요한복음 5:24에서 우리가 얻게 되는 세 가지 결과는 무엇입니까?

- 현재 : ______________________________
- 미래 : ______________________________
- 과거 : ______________________________

11. 하나님의 아들의 이름을 믿는 자에게 무엇이 있습니까?(요일 5:13)

____

12. 아들에게 순종하지 않는 자에게는 무엇이 있습니까?(요 3:36)

____

◈ 참고

천지창조의 순서

	일자	창조내용	해 설
노동	1	우주·빛	무에서 유를 창조, 우주의 구성요소 에너지의 원리에 따른 빛발산 현상의 시작
	2	궁창	지구의 대기권 설정 및 생명체의 힘인 수분 형성
	3	바다·땅·식물	지구를 생물 생존 가능지로 만듦
	4	해·달·별	지구가 우주 질서의 중심체임
	5	새·물고기	하늘과 물의 생물 조성
	6	짐승·사람	창조의 최고 정점에 인간을 두심으로 인간을 위한 인간중심의 세계
안식	7	완성·안식	창조사역의 완성, 피조물에 대한 만족과 주권

2
STEP

하나님은
어떤 분이신가?

7단계 STEP 7

하나님은 어떤 분이신가?

STEP 2

❶ 하나님의 이름
❷ 삼위일체(三位一體)
❸ 하나님은 어떤 분이신가?

당신의 신앙생활의 기초적인 부분들을 정리해 줄「정돈된 신앙을 위한 7단계 공부」 제2과 '하나님은 어떤 분이신가?' 입니다.

이 과에서는 하나님의 이름과 속성에 대하여 자세히 배우게 될 것입니다. 하나님은 너무나 위대한 분이시기 때문에 모든 것을 다 안다는 것은 불가능한 것인지도 모르겠지만, 하나님께서는 성경을 통해 우리에게 자신을 보여주셨습니다. 또한 성경의 저자들이 하나님에 대해 증언하고 있는 것들을 통해서 하나님이 어떤 분이신지 발견하게 될 것입니다.

우리 모두에게는 하나님이 필요합니다. 우리 인생에 있어서 가장 중요한 것이 하나님을 아는 것이라고 성경은 말하고 있습니다.

"영생은 곧 유일하신 참 하나님과 그가 보내신 자 예수 그리스도를 아는 것이니이다" (요 17:3)

당신은 제2과 공부를 통하여 하나님에 대해 다시 되새김으로 하나님과 더 가깝게 교제하고 하나님에 대한 믿음을 더욱 견고히 하며 하나님을 의뢰하는 믿음의 영역이 확장되어가는 것을 보게 될 것입니다.

지금까지 당신은 개인적으로 성경을 읽고 공부해 오는 동안 하나님은 과연 존재하시는가? 하나님은 어디에 계시는가? 우리는 하나님을 만날 수 있는가? 하는 의문들을 가졌을 것입니다. 여기에 대한 해답을 우리는 성경을 통해서 얻을 수 있습니다.
우리에겐 하나님이 필요하지만 인간 스스로 하나님을 발견할 수 있는 방법은 없습니다. 오직 하나님께서 자신을 계시해주실 때 우리는 그 계시를 통해서만 그분을 알 수 있습니다. 이미 수많은 선지자들을 통해 계시된 하나님을 성경 속에서 정확하고 자세하게 발견해 보겠습니다.

1. 하나님의 이름

성경에서 묘사하고 있는 하나님의 이름은 무엇인지 찾아 보십시오.

- 창세기 17:1 ____________________
- 시편 95:6 ____________________
- 시편 24:7 ____________________
- 마태복음 6:32 ____________________
- 누가복음 11:2 ____________________
- 디모데전서 6:15 ____________________

2. 삼위일체(三位一體)

하나님은 성부·성자·성령의 세 인격으로 존재하십니다. 이것을 삼위일체(三位一

體)라고 합니다. 그러나 하나님은 유일하신 한 분입니다.

"하나님은 한 분이시요…"(딤전 2:5)

■ **성부 하나님**은 하늘에 계신 보이지 않는 하나님이십니다.

"본래 하나님을 본 사람이 없으되 아버지 품 속에 있는 독생하신 하나님이 나타내셨느니라"(요 1:18)

■ **성자 하나님**은 우리의 구주가 되시기 위하여 이 세상에 오신 예수 그리스도, 나타나신 하나님이십니다.

"말씀이 육신이 되어 우리 가운데 거하시매 우리가 그의 영광을 보니 아버지의 독생자의 영광이요 은혜와 진리가 충만하더라"(요 1:14)

■ **성령 하나님**은 예수 그리스도를 구주로 영접한 사람들의 마음속에서 일하시는 하나님이십니다.

"그러나 진리의 성령이 오시면 그가 너희를 모든 진리 가운데로 인도하시리니 그가 스스로 말하지 않고 오직 들은 것을 말하며 장래 일을 너희에게 알리시리라"(요 16:13)

3. 하나님은 어떤 분이신가?

특별히 이 단원에서는 하나님의 속성들 중에서 몇 가지를 살펴보겠습니다.

(1) 창조주

당신은 땅과 하늘, 해, 달, 별과 모든 생물들의 생성과 자연의 신비로운 섭리와 조화로움에 대하여 의문을 가진 적이 있습니까? 이 우주는 어떻게 생겨났을까?
성경은 여기에 대해 대답하고 있습니다.

"태초에 하나님이 천지를 창조하시니라" (창 1:1)

하나님께서 모든 것을 창조하셨습니다.

"하늘이 하나님의 영광을 선포하고 궁창이 그 손으로 하신 일을 나타내는도다" (시 19:1)

우리는 하나님께서 하신 일들을 통해 하나님이 존재하신다는 것을 분명히 알 수 있습니다.
창세기 1장을 읽고 하나님의 창조하신 것을 순서대로 나열해 보십시오.

■ 첫째날 ______________________________
■ 둘째날 ______________________________
■ 셋째날 ______________________________
■ 넷째날 ______________________________
■ 다섯째날 ______________________________
■ 여섯째날 ______________________________

위의 창조물들 중에서 하나님의 형상대로 지어진 가장 위대한 창조물은 무엇입니까?(창 1:27) ____________________

하나님은 우리를 자신과 교제할 수 있는 자신과 같은 모습으로 지으셨습니다. 그리고 땅과 땅에 있는 모든 생물을 다스리도록 인간을 축복하셨습니다.

(2) 전지(全知)하신 하나님

하나님은 모든 것을 아십니다.

"이는 우리 마음이 혹 우리를 책망할 일이 있어도 하나님은 우리 마음보다 크시고 모든 것을 아시기 때문이라"(요일 3:20)

하나님께서는 과거의 일과 현재의 일, 미래에 일어날 일들을 다 알고 계십니다. 우리의 머리털까지 세실 뿐아니라(마 10:30) 창조하신 모든 것을 아십니다. 우리의 말과 행동, 생각까지도 아십니다. 그리고 언제나 우리들을 지켜보고 계십니다. 우리는 성경에서 "나를 살피시는 하나님"을 만날 수 있습니다(대상 28:9).

"하갈이 자기에게 이르신 여호와의 이름을 나를 살피시는 하나님이라 하였으니 이는 내가 어떻게 여기서 나를 살피시는 하나님을 뵈었는고 함이라"(창 16:13)

(3) 전능(全能)하신 하나님

하나님의 능력은 무한하십니다. 하늘과 땅의 모든 권세를 가지신 분이기 때문에 무엇이든 하실 수 있습니다. 천지를 지으신 그 분에게는 할 수 없는 일이 없습니다(렘 32:17).

"사람으로는 할 수 없으나 하나님으로서는 다 하실 수 있느니라"(마 19:26)

이 세상 사람이 아무리 위대하고 강할지라도 피조물인 인간을 하나님과 비교할 수는 없습니다.
하나님은 말씀만으로 천지를 창조하신 분이십니다(창 1장).

(4) 편재(偏在)하시는 하나님

하나님은 그가 창조하신 우주의 어느 곳에나 계시는, 공간을 초월하여 존재하시는 분입니다.

"… 여호와가 말하노라 나는 천지에 충만하지 아니하냐"(렘 23:24)

하나님은 영적인 존재(요 4:24)이시기 때문에 우리가 육안으로 볼 수는 없지만 우리가 있는 곳 어디에나 계십니다.

"내가 주의 영을 떠나 어디로 가며 주의 앞에서 어디로 피하리이까 내가 하늘에 올라갈지라도 거기 계시며 스올에 내 자리를 펼지라도 거기 계시니이다 내가 새벽 날개를 치며 바다 끝에 가서 거주할지라도 거기서도 주의 손이 나를 인도하시며 주의 오른손이 나를 붙드시리이다"(시 139:7-10)

하나님의 편재성을 너무나 잘 표현하고 있습니다.

(5) 영원하신 하나님

하나님은 시간을 초월하여 존재하십니다. 하나님은 태초에도 계셨고(창 1:1), 천지창조 이전의 태초에도 계셨습니다(요 1:1, 요일 1:1). 하나님은 시작이나 끝이 없는 영원하신 분입니다.

"산이 생기기 전, 땅과 세계도 주께서 조성하시기 전 곧 영원부터 영원까지

주는 하나님이시니이다"(시 90:2)

그분은 인간의 시간적 개념으로 측정할 수 없는 영원하신 분입니다.

(6) 불변하신 하나님

하나님은 절대로 변화가 없으십니다. 그의 존재와 인격, 우리를 사랑하시는 것 등 결코 변치 않습니다.

"나 여호와는 변하지 아니하나니…"(말 3:6)

그분은 변함도 없으시고 회전하는 그림자도 없으십니다(약 1:17).

(7) 거룩하신 하나님

하나님은 거룩하고 의로운 존재라고 성경은 말합니다. 하나님은 아무런 흠도, 죄도, 어둠도 없는 빛과 영광으로 존재하는 분이십니다(요일 1:5). 우리 인간은 죄로 가득한 존재이지만 하나님은 거룩 자체(사 6:3)이기 때문에 우리는 그분 앞에 나올 수 없습니다. 이사야 선지자는 이렇게 고백하고 있습니다.

"…화로다 나여 망하게 되었도다…"(사 6:5)

그러나 하나님은 우리에게 거룩하라고 명령하십니다(벧전 1:15-16). 하나님은 우리 믿는 자들이 구별되어지기를 원하십니다. 하나님이 거룩하시기 때문에 우리도 거룩해질 수 있습니다.

"…내가 거룩하니 너희도 거룩할지어다…"(벧전 1:16)

(8) 사랑의 하나님

하나님은 사랑이십니다(요일 4:8,16). 하나님의 근원, 존재 자체가 사랑임을 성경은 말합니다. 하나님의 사랑은 우리에게 구체적으로 나타났고 행동하였습니다. 그것은 아들을 세상의 구주로 보내신 것입니다(요일 4:14). 독생자를 보내셔서 우리를 살리려 하신 것입니다(요일 4:9).

"우리가 아직 죄인 되었을 때에 그리스도께서 우리를 위하여 죽으심으로 하나님께서 우리에 대한 자기의 사랑을 확증하셨느니라"(롬 5:8).

하나님의 사랑이 구체적으로 나타난 것을 우리는 발견합니다. 사랑은 구체적인 행위를 가능하게 합니다. 우리가 구체적으로 사랑을 나타내야 할 대상은 누구입니까?

첫째는 하나님이십니다(요일 4:16).

둘째는 형제입니다(요일 4:20-21). 믿음을 공유한 형제들을 말하고 있습니다.

세번째 우리의 사랑의 대상은 누구입니까? 아직도 하나님과 구원자 예수 그리스도 그 복음의 비밀을 모르는 수많은 이웃입니다.

하나님은 우리가 서로 사랑하는 것이 마땅하다고 우리에게 사랑의 당위성을 말씀하십니다(요일 4:11, 19).

사랑은 인간의 노력으로 가능한 것이 아닙니다. 하나님의 절대적이고 무조건적인 사랑의 진수를 깨닫게 될 때 비로소 가능한 것입니다.

"사랑하는 자들아 우리가 서로 사랑하자 사랑은 하나님께 속한 것이니 사랑하는 자마다 하나님으로부터 나서 하나님을 알고 사랑하지 아니하는 자는 하나님을 알지 못하나니 이는 하나님은 사랑이심이라"(요일 4:7-8)

그러므로 나의 의지로 형제를 사랑하려고 노력하기 보다는 먼저 하나님의 사랑을 더 풍성히 깨닫기 위해 낮은 마음으로 하나님과 깊이 교제하는 삶이 선행되어야 합니다.

사랑이 우리 안에 이루어진 증거는 무엇입니까?

"사랑 안에 두려움이 없고 온전한 사랑이 두려움을 내쫓나니 두려움에는 형벌이 있음이라 두려워하는 자는 사랑 안에서 온전히 이루지 못하였느니라"(요일 4:18)

우리에게 사랑이 이루어진 증거는 첫째로, 세상 가운데 담대함입니다(요일 3:21). 두번째로, 우리 안에 있는 사랑이 행동하여 형제를 사랑하는 것으로 나타나는 형제사랑(요일 4:20-21)이 그것입니다. 세번째로, 우리는 우리에게 있는 하나님의 사랑 때문에 범죄치 않는 것(요일 3:9)으로 증거를 삼을 수 있습니다. 네번째로는 하나님과 더욱 교제하고자 하는 의욕과 소망이 생기는 것이며 따라서 그의 계명을 순종하고자 하는 의지가 생기는 것입니다(요일 2:3-5).

우리 안에 있는 하나님이 사랑이시기 때문에 우리는 서로 사랑할 수 있습니다. 사랑한다는 것은 하나님을 나타내는 것과 똑같은 일입니다. 하나님께서 우리에게 주신 새 계명도 바로 사랑이었습니다.

"새 계명을 너희에게 주노니 서로 사랑하라 내가 너희를 사랑한 것 같이 너희도 서로 사랑하라"(요 13:34)

이렇게 사랑을 강조하는 이유는 무엇입니까?

① 성도는 사랑이신 하나님께 속한 자이기 때문입니다(요일 4:7-8).

② 우리의 구원의 근원이 예수 그리스도의 희생적인 사랑에 있기 때문입니다(요일 4:9-11).

③ 사랑은 성령의 역사하심이며 증거이기 때문입니다(요일 4:12-16).

④ 사랑은 심판 날에 두려움을 없애주고 담대함을 주기 때문입니다(요일 4:17-18).

⑤ 하나님이 먼저 사랑의 실천의 모범을 보여주셨고, 사랑을 명령하셨기 때문입니다(요일 4:19-21).

이 모든 것은 하나님이 사랑이시기 때문에 가능한 것입니다.

그분이 전지전능하고, 거룩하고, 위대하고, 만왕의 왕이시지만 우리는 그분의 사랑 때문에 그분과 교제할 수 있습니다.

"우리가 보고 들은 바를 너희에게도 전함은 너희로 우리와 사귐이 있게 하려 함이니 우리의 사귐은 아버지와 그의 아들 예수 그리스도와 더불어 누림이라"(요일 1:3)

그러나 우리는 한 가지 꼭 기억해야 할 것이 있습니다.

"…우리가 말과 혀로만 사랑하지 말고 행함과 진실함으로 하자"(요일 3:18)

(9) 의롭고 신실하신 하나님

하나님은 공의로우십니다. 하나님은 죄가 없으신 분이지만 죄를 모르는 분은 아닙니다. 그렇기 때문에 죄에 대하여는 반드시 징벌하십니다. 그러나 하나님은 우리를 사랑하시기 때문에 우리가 죄 사함을 받기 원하십니다. 죄를 해결해 주시기 위해서 자신의 독생자를 보내셨습니다. 죄 없으신 예수 그리스도께서 우리의 죄값을 대신 치르셔야 했습니다.

"…너희 죄가 그의 이름으로 말미암아 사함을 받았음이요"(요일 2:12)

우리에게 있는 죄를 위해서 하나님의 공의와 사랑은 예수 그리스도를 대언자와 화목제물로 주심으로 그 죄를 없애고 용서하셨습니다(요일 2:1-2).
하나님은 분명히 말씀하셨습니다.

"만일 우리가 우리 죄를 자백하면 그는 미쁘시고 의로우사 우리 죄를 사하시며 우리를 모든 불의에서 깨끗하게 하실 것이요"(요일 1:9)

하나님은 우리가 그분을 믿고 죄에서 돌이켜 회개하며 용서를 구할 때 우리를 깨끗케 하신다고 약속하셨습니다.
하나님은 신실하신 분이기 때문에 약속하신 것은 반드시 지키십니다. 우리 죄에 대하여 하나님의 말씀은 어떻습니까?

"…너희의 죄가 주홍 같을지라도 눈과 같이 희어질 것이요 진홍 같이 붉을지라도 양털같이 희게 되리라"(사 1:18)

완전히 사하여 주십니다.
또한 하나님은 약속하신 것을 잊어버리지 않습니다.

"또 약속하신 이는 미쁘시니…"(히 10:23)

성경은 하나님이 신실하신 분이심을 분명히 말하고 있습니다.

"그런즉 너는 알라 오직 네 하나님 여호와는 하나님이시요 신실하신 하나님이시라 그를 사랑하고 그의 계명을 지키는 자에게는 천 대까지 그의 언약을 이행하시며 인애를 베푸시되"(신 7:9)

하나님께서는 약속하신 것은 반드시 행하십니다.

우리가 하나님의 형상대로 창조되었다는 사실을 기억할 때 얼마나 큰 사랑과 은혜인지 하나님께 감사하며 찬양하지 않을 수 없습니다.
역대상 29:10-13에 하나님을 찬양하는 다윗의 기도에서 어떤 사실들을 말하고 있는지 한 번 찾아보십시오.

____

____

◆ 당신 자신의 말로 하나님을 찬양하는 기도를 적어 보십시오.

____

____

____

제2과 암송요절

• 예레미야 23:24 • 시편 90:2 • 야고보서 1:17 • 이사야 6:3
• 요한일서 4:8 • 요한복음 13:34 • 이사야 1:18 • 요한일서 1:9
• 디모데전서 2:5 • 요한일서 3:20 • 예레미야 32:17

◈ 요약을 위한 질문

1. 하나님은 (   )·(   )·(   )의 세 인격으로 존재하는 (   )의 하나님이십니다.

2. 창세기 1장을 일고 하나님의 창조하신 것들을 정리해 보십시오.

   ① ____________________

   ② ____________________

   ③ ____________________

   ④ ____________________

   ⑤ ____________________

   ⑥ ____________________

3. 다음에 제시된 성구에서 하나님의 속성과 연결지어 해당되는 성경말씀을 찾아 요약하십시오.

   • 시편 90:2 • 예레미야 32:17 • 요한일서 3:20

   • 예레미야 23:24 • 야고보서 1:17 • 요한일서 4:16

   ① 전지 ____________ ____________

   ② 전능 ____________ ____________

   ③ 편재 ____________ ____________

   ④ 영원 ____________ ____________

   ⑤ 불변 ____________ ____________

   ⑥ 사랑 ____________ ____________

4. 베드로전서 1:15-16은 하나님의 어떤 속성을 말하고 있습니까?

____

____

5. 신명기 7:9에 나타난 하나님의 속성은 무엇입니까?

____

6. 이사야 45:18-24을 읽고 말씀 가운데서 발견할 수 있는 하나님에 대한 진리들을 열거해 보십시오.

____

____

7. 거룩하고 의로우신 하나님이 우리에게 원하시는 것은 무엇입니까?(요일 1:9)

____

3
STEP

예수님은
어떤 분이신가?

7 단계

STEP 7

예수님은 어떤 분이신가?

STEP 3

1. 예수님의 인성
2. 예수님의 신성
3. 예수님의 죽으심
4. 예수님의 부활과 승천
5. 예수님의 다시오심

당신의 신앙의 기초들을 재점검하고 정리해 줄「정돈된 신앙을 위한 7단계 공부」제3과 '예수님은 어떤 분이신가?'입니다.

이 과에서는 영생의 근원이신 성자 하나님 예수 그리스도에 대하여 배울 것입니다.

예수 그리스도의 인성과 신성에 대해 살펴보고 영광된 하늘보좌의 하나님으로서 육신을 입고 이 땅에 오셔서 우리의 죄를 대신하여 십자가에서 죽으신 것과 장사된 지 삼 일 만에 살아나신 것, 하나님의 나팔 소리와 함께 다시 오실 예수 그리스도에 대하여 자세히 공부할 것입니다.

그리하여 더욱 견고한 믿음을 가질 뿐만 아니라 예수 그리스도와의 친밀한 교제를 갖도록 할 것이며 영원한 삶에 대한 소망을 제시하고자 합니다.

성경의 많은 부분에서 예수 그리스도에 대하여 예언하고 있는데 당신은 이 과를 통하여 그 예언들을 발견하며 스스로 확인할 수 있을 것입니다.

이 과를 끝내고 당신은 더욱 분명한 믿음의 이유들을 발견하게 될 것이며, 다시 한 번 예수 그리스도를 주로 시인하며 구세주로 고백할 수밖에 없을 것입니다.

"주는 그리스도시요 살아계신 하나님의 아들이시니이다" (마 16:16)

우리는 어떤 사람을 소개하거나 소개를 받을 때, 그 사람이 어떤 사람인지 또 무엇을 하는 사람인지에 대하여 가장 큰 관심을 보입니다.
우리에게 있어서 예수 그리스도도 마찬가지입니다. 예수 그리스도가 어떤 분인지, 나에게 있어 어떤 존재인지 알아야만 합니다. 왜냐하면 예수 그리스도는 기독교 신앙의 중심이며 예수 그리스도에 대하여 아는 것은 우리의 믿음의 기초가 되는 아주 중요한 문제이기 때문입니다.

1. 예수님의 인성

예수님은 마리아가 요셉과 약혼하고 동거하기 전에 성령으로 잉태되었습니다(마 1:18). 예수님은 유대 베들레헴에서 태어나셨습니다(마 2:1).
예수님의 어린 시절에 대해 성경은 말합니다.

"예수는 지혜와 키가 자라가며…" (눅 2:52)

예수님은 다른 어린 아이들처럼 지혜롭고 건강하게 성장하였습니다.
예수님은 또한 감각을 느끼시는 분이십니다.

"사십 일을 밤낮으로 금식하신 후에 주리신지라" (마 4:2)

금식으로 인하여 배고픔을 느끼셨습니다.

"…예수께서 길 가시다가 피곤하여 우물 곁에 그대로 앉으시니 때가 여섯 시

쯤 되었더라 사마리아 여자 한 사람이 물을 길으러 왔으매 예수께서 물을 좀 달라 하시니"(요 4:6-7)

예수님은 제육시, 우리 시간으로 12시 곧 정오를 말하는데, 한낮의 갈증을 느끼셨고 길 가시다가 피곤함을 느끼셨습니다.

"예수께서는 고물에서 베개를 베고 주무시더니 제자들이 깨우며…"(막 4:38)

예수님은 수면을 취하셨습니다.

"예수께서 눈물을 흘리시더라"(요 11:35)

예수님은 슬픔에 젖은 사람들과 함께 자기의 슬픔을 보이셨습니다. 예수님은 우리와 같은 체질을 가지시고 우리와 같은 인간의 모습으로 이 땅에 오신 것입니다. 그러나 우리와 분명히 다른 것은, 예수 그리스도는 사람이었지만 죄가 없으신 분이십니다(히 4:15).

2. 예수님의 신성

아들에 관하여 하나님께서 예수 그리스도를 호칭하는 히브리서 1:8을 찾아보겠습니다.

"아들에 관하여는 하나님이여 주의 보좌는 영영하며 주의 나라의 규는 공평한 규이니이다"(히 1:8)

하나님께서 예수 그리스도에게 통치자의 권한을 부여한 '하나님'과 '주'라고 지칭

하는 것을 볼 수 있습니다.

특별히 요한복음 5:19-29을 보면 성부와 성자 예수님의 일체성을 강조하여 예수님의 신성을 확증할 뿐만 아니라 성자의 신적인 권위의 근원과 내용들을 설명하고 있습니다. 위의 성경 구절에서 예수님의 신성을 증거하는 구절들을 정리해보십시오.

① 성부와 성자간의 친밀함과 지적 합일성(요 5: -)
② 부활의 동일한 주도성(요 5: -)
③ 동일한 심판권(요 5: -)
④ 동일한 공경의 권한(요 5: -)

그리고 요한복음 5:29-30을 읽어보십시오. 예수님의 신성에 대한 4가지 증거가 나타나 있습니다.

① 성부 하나님의 증거(요 5: -)
② 세례 요한의 증거(요 5: -)
③ 예수님 자신의 증거(요 5: -)
④ 성령의 증거(요 5: -)

이것은 완전한 증거입니다. 결국 예수님의 신성은 하늘과 땅이 증거하는 영구불변의 완전한 진리임을 우리에게 말해주고 있습니다.

"태초부터 있는 생명의 말씀에 관하여는 우리가 들은 바요 눈으로 본 바요 자세히 보고 우리의 손으로 만진 바라 이 생명이 나타내신 바 된지라 …"(요일 1:1-2).

천지창조 이전의 영원의 때에 생명의 말씀 곧 예수 그리스도가 계셨음을 성경은 말합니다.

예수님이 하나님이셨다는 도마의 고백을 들어봅시다.

"…나의 주님이시요 나의 하나님이시니이다"(요 20:28)

다음 성경구절들은 예수님의 하나님으로서의 속성들을 말해주고 있는데 성경을 찾아서 요약해 보십시오.

- 마태복음 28:18 ______
- 마태복음 8:23-27 ______

______

- 누가복음 4:40 ______
- 누가복음 4:33-36 ______

______

______

- 마가복음 2:3-12 ______

______

______

______

- 요한복음 11:43-44 ______

______

3. 예수님의 죽으심

예수님께서 세상에 오셔서 죽은 자를 살리시고, 병든 자를 고치시고, 사람들의 필요들을 채우시고, 말씀을 증거하시고, 소외된 자들과 함께 하셨지만 예수님께서 세상에 오신 가장 큰 목적은 죽으심과 부활하심, 승천하심이었습니다. 그리고 다시 오심을 약속하셨습니다.
바로 우리 죄 때문에 대신 죄값을 치르기 위해, 십자가에서 돌아가시기 위해 오셨습니다.

"아들을 낳으리니 이름을 예수라 하라 이는 그가 자기 백성을 그들의 죄에서 구원할 자이심이라 하니라"(마 1:21).

예수께서 세상에 오신 이유는 자기 백성을 그들의 죄에서 구원하기 위해서라고 밝히고 있습니다.
예수님은 자신이 예루살렘으로 가야 될 것과 수난에 대해 예고하셨습니다.

"…많은 고난을 받고 죽임을 당하고 제삼일에 살아나야 할 것을…"(마 16:21)

그러고 나서 예수님은 십자가에 못박히는 육체적으로 가장 고통스런 죽임을 당하셨습니다(마 27:35).

예수님께서는 왜 그런 죽임을 당하셔야만 했습니까? 로마서 3:23에 모든 사람이 다 죄인이므로 하나님의 영광에 이르지 못하기 때문이라고 분명히 말해주고 있습니다. 예수께서는 우리의 죄 때문에 고난을 받으셨습니다.

"그가 찔림은 우리의 허물 때문이요 그가 상함은 우리의 죄악 때문이라 그가 징계를 받으므로 우리는 평화를 누리고 그가 채찍에 맞으므로 우리는 나음을 받았도다"(사 53:5)

우리의 모든 죄를 담당하시어 우리 죄를 깨끗케 하고 구원의 길로 인도하기 위한 하나님의 사랑이셨습니다. 그리스도 자신이 죽음으로 사랑을 확증해주셨습니다

(롬 5:8). 왜냐하면 죄인인 우리 인간은 양 같아서 죄를 따라 각기 제 길로 가기 때문에(사 53:6) 우리에겐 죄가 없으신 그리스도가 필요했습니다. 그리스도께서 십자가에서 죽으신 것은 우리를 죄에 대하여 죽고 의에 대하여는 살게 하려고 하신 것입니다(벧전 2:24).

지금 우리는 어떻게 살아야 합니까? 주님께서는 죄를 완전히 기억하지 않으신다고 약속하셨습니다(히 10:17). 그리스도의 죽음이 하나님과 사람 사이에 새로운 교제의 다리가 되신 것입니다.

예수님은 십자가 위에서 오후 3시경 운명하셨습니다(마 27:45).
예수님의 죽음은 인류의 죄를 대신한 대속적인 죽음이었습니다. 그것은 죄에 대한 하나님의 의지를 보여주는 것으로 아들을 죽이기까지 인류를 구원하고자 하신 하나님의 거룩한 집념이며 위대한 사랑을 보여주는 것입니다.

◆ 예수 그리스도의 죽음에 관한 기사는 눅 22:47~23:56, 요 18:1~19:42, 마

27:32~56에 자세히 기록되어 있습니다.

4. 예수님의 부활과 승천

(1) 예수님의 부활하심

예수님께서는 자신이 죽은 후에 다시 살아날 것에 대해 제자들에게 비유로 말씀하셨습니다(요 2:19-22).

그리고 정말로 그리스도께서 우리 죄를 위하여 죽으시고 장사된 지 삼 일 만에 다시 살아나셨습니다(고전 15:4). 그것으로 예수님 자신이 '부활이요 생명'이심을 확증하신 것입니다(요 11:25). 안식 후 첫 날 무덤을 찾은 여인들은 비어 있는 무덤 밖에는 아무것도 발견할 수 없었습니다(요 20:1-10). 그것은 부활의 사실과 예수의 생애가 죽음으로 끝난 것이 아님을 분명히 말해주고 있는 것입니다.

예수의 부활의 증인들을 다음 성경구절에서 찾아보십시오.

① 요한복음 20:11-18 ______________________

____

② 요한복음 20:19 ______________________

③ 요한복음 20:27-28 ______________________

____

④ 누가복음 24:13-16 ______________________

____

⑤ 고린도전서 15:5 ______________________

⑥ 고린도전서 15:6-7 ______________________

____

예수님의 부활은 역사적인 사실입니다. 사도들은 계속해서 부활을 증거했습니다

(행 4:33).

예수님은 부활하신 후 불안 속에서 절망하고 있는 제자들에게 부활의 영광을 직접 목격하도록 하여 그들의 삶에 새 지평을 열어 주셨습니다. 소망과 환희로 바꾸셨고, 용기와 평안으로 바꿔 놓으셨으며 죽음을 생명으로 돌려 놓으셨습니다.

"오직 이것을 기록함은 너희로 예수께서 하나님의 아들 그리스도이심을 믿게 하려 함이요 또 너희로 믿고 그 이름을 힘입어 생명을 얻게 하려 함이니라"(요 20:31)

(2) 예수님의 승천하심

부활하신 예수님은 제자들에게 어떤 것을 보여주셨습니까?

"…그들이 보는데 올려져 가시니 구름이 그를 가리어 보이지 않게 하더라 … 너희 가운데서 하늘로 올려지신 이 예수는 하늘로 가심을 본 그대로 오시리라 하였느니라"(행 1:9-11)

예수님은 승천하셨습니다. 예수님은 승천하시면서 그 이유를 말씀하셨습니다.

"내 아버지 집에 거할 곳이 많도다 그렇지 않으면 너희에게 일렀으리라 내가 너희를 위하여 거처를 예비하러 가노니"(요 14:2).

천국으로 우리의 거처를 미리 예비하러 가신다고 말씀하셨습니다.

예수님은 승천하셔서 하나님의 보좌 우편에 앉아계십니다(막 16:19). 예수님은 모든 통치와 권세와 능력과 주권과 이 세상 모든 이름 위에 뛰어나신 분입니다(엡 1:21). 예수님은 교회의 머리가 되셨습니다.

"또 만물을 그의 발 아래에 복종하게 하시고 그를 만물 위에 교회의 머리로 삼으셨느니라 교회는 그의 몸이니…"(엡 1:22-23)

예수님의 생애는 끝난 것이 아닙니다. 교회와 더불어 교회 안에서 교회를 위하여 지금도 역사하고 계십니다.
예수님은 승천하시면서 우리에게 명령하셨습니다.

"…성령을 받으라"(요 20:22)

*예수님의 부활과 승천에 대한 기사는 마 281-20, 막 16:1-20, 눅 24:1-53, 요 20:1~21:25에 자세히 기록되어 있습니다.

5. 예수님의 다시오심

예수 그리스도의 재림에 대하여는 많은 세대들이 소망하고 또 의문을 가져왔습니다. 거기에 대하여 성경의 저자들은 많은 부분을 예수님의 다시 오심에 대하여 기록하여 우리에게 해답을 제시하고 있습니다.

"…갈릴리 사람들아 어찌하여 서서 하늘을 쳐다보느냐 너희 가운데서 하늘로 올려지신 이 예수는 하늘로 가심을 본 그대로 오시리라…"(행 1:11)

승천하신 모습 그대로 다시 오실 것을 말해주고 있습니다. 분명히 예수님은 우리를 위하여 다시 오신다고 약속하셨습니다(요 14:3).
예수님의 재림이 임박함을 알리는 마지막 때의 징조와 경고는 무엇입니까?
① 마태복음 24:6-7 ______________________________
② 마태복음 24:12 ______________________________

③ 디모데전서 4:1-2 ______________________________

____

④ 디모데후서 3:1-5 ______________________________

____

____

⑤ 베드로후서 3:3-4 ______________________________

____

⑥ 데살로니가전서 5:3 ______________________________

⑦ 마태복음 24:38-39 ______________________________

____

⑧ 마태복음 24:29 ______________________________

예수께서 오실 때 어떤 일들이 일어날 것인가에 대해 성경은 말합니다.

"주께서 호령과 천사장의 소리와 하나님의 나팔 소리로 친히 하늘로부터 강림하시리니 그리스도 안에서 죽은 자들이 먼저 일어나고 그 후에 우리 살아남은 자들도 그들과 함께 구름 속으로 끌어 올려 공중에서 주를 영접하게 하시리니 그리하여 우리가 항상 주와 함께 있으리라"(살전 4:16-17)

예수님의 재림 때 믿는 자들에게 일어날 일들을 다음 성경구절에서 찾아 요약해봅시다.

① 고린도전서 15:22 ______________________________

② 빌립보서 3:20-21 ______________________________

____

③ 요한일서 3:2 ______________________________

④ 고린도후서 5:10 ______________________________

⑤ 고린도전서 4:5 ______________________________

불신자들에게는 어떤 일이 일어납니까?

■ 데살로니가후서 1:8-9 ________________________________

예수님의 재림의 시간에 대하여는 아무도 모릅니다. 그리스도도 모르고 오직 아버지만 아신다고 성경은 말합니다(마 24:36).
우리는 말씀에 의지하여 우리에게 그리스도의 재림이 얼마나 큰 약속된 영광인지 알고 있습니다. 우리에게는 새 하늘과 새 땅이 약속되어 있습니다(계 21:1-8). 그렇기 때문에 우리는 주의 오실 날과 의의 면류관을 사모합니다(딤후 4:8). 우리는 복음이 온 세상에 전파되어 아무도 멸망치 않고 회개하여 구원을 얻도록 힘쓰는 증인의 삶을(마 28:19-20) 살아야 합니다. 오직 길이 참고 말씀 안에서 믿음으로 근신해야 합니다(약 5:7-8, 벧전 1:13).
주님께서는 말씀하십니다.

"내가 진실로 속히 오리라" (계 22:20)

그리하여 우리는 주의 오실 날에 담대함과 부끄럽지 않음으로(요일 2:28) 이렇게 화답합시다.

"아멘 주 예수여 오시옵소서" (계 22:20)

제3과 암송요절

• 히브리서 4:15 • 히브리서 1:8 • 마태복음 1:21 • 이사야 53:5
• 베드로전서 2:24 • 고린도전서 15:4 • 요한복음 20:31
• 요한복음 14:2 • 데살로니가전서 5:16-17

◈ 요약을 위한 질문

1. 예수 그리스도는 성령으로 잉태되었지만 사람에게서 나신 분입니다. 마태복음 1:23을 찾아보십시오.

____

2. 예수께서 인간으로 오신 것을 밝혀주는 다음 구절을 요약하십시오.
   ① 누가복음 2:52 ______________________________
   ② 마태복음 4:2 ______________________________
   ③ 마태복음 4:6-7 ______________________________
   ④ 요한복음 11:35 ______________________________

3. 예수님은 인간으로 오셨지만 우리와 분명히 다릅니다. 그것은 무엇입니까? (히 4:15)

____

4. 예수님의 신성에 대하여 히브리서 1:8은 예수님을 어떻게 호칭합니까?

____

5. 하나님으로서의 속성에 대해 말하고 있는 다음 구절들을 요약하십시오.
   ① 마태복음 28:18 ______________________________
   ② 누가복음 4:40 ______________________________
   ③ 요한복음 11:44 ______________________________
   ④ 요한복음 17:2 ______________________________

6. 다음 성경구절은 예수님의 죽음에 대해 무엇을 말해줍니까?(마 16:21)

____

7. 그리스도께서 죽으신 것은 무엇 때문입니까?(롬 3:23)

____

8. 예수님은 성경대로 다시 살아나셨습니다. 요한복음 20:31은 무엇을 말해줍니까? ______________________________

9. 예수님이 승천하신 이유는 무엇입니까?(요 14:2)

____

10. 예수 그리스도의 재림 때 세상에는 어떤 징조들이 일어납니까?

① 마태복음 24:12 ______________________________

② 디모데전서 4:1-2 ______________________________

③ 데살로니가전서 5:3 ______________________________

④ 마태복음 24:6-7 ______________________________

⑤ 마태복음 24:29 ______________________________

11. 예수께서 오실 때 어떤 일들이 일어나는지 다음 구절을 읽고 요약하십시오(살전 4:16-17).

____

12. 예수께서 재림하시면 우리에게는 어떤 일들이 일어납니까?

① 빌립보서 3:21 ______________________________

② 고린도전서 4:5 ______________________________

③ 고린도후서 5:10 ______________________________

4

STEP

하나님의 말씀

7단계 STEP 7

하나님의 말씀

STEP 4

❶ 성경이란 무엇인가?
❷ 말씀의 능력
❸ 성경을 어떻게 배울까?

당신의 신앙을 기초부터 다시 한 번 재점검하고 정리해 줄 「정돈된 신앙을 위한 7단계 공부」 제4과 '하나님의 말씀'입니다.

하나님의 말씀인 성경은 지금까지 쓰여진 책 중 가장 놀라운 책입니다. 이 책은 나라와 직업이 다른 40여 명의 저자들에 의해 쓰여졌는데 한 가지 놀라운 사실은 그들 모두가 예수 그리스도에 대하여 증거하고 있다는 것입니다. 1,500년의 기간에 걸쳐 3개 언어로 쓰여진 이 책은 사람들을 변화시키기에 충분한 능력이 있으며 우리가 시간을 투자하여 배워야할 가치가 있습니다.

이 과는 하나님의 말씀의 권위와 능력, 성경의 내용과 분류, 성경을 어떻게 배워야 하는가에 대한 방법들을 알려줄 것입니다.

그러므로 당신이 말씀 중심의 삶을 살아가게 하고, 당신에게 오는 변화된 삶과 당신이 말씀을 어떻게 배워나가야 하는가에 대해 보다 구체적이고 체계적으로 공부해야함을 깨닫게 하며 계획을 세워 행동하게 할 것입니다.

지금까지 당신이 충실하게 해온 것처럼 순종하고자 하는 마음과 배우고자 하는 열망으로 기도하며 겸손함으로 말씀을 받아 믿고 삶 속에 실천하시기 바랍니다.

1. 성경이란 무엇인가?

성경은 하나님의 거룩한 말씀입니다. 거룩하게 할 수 있는 진리임을 말하고 있습니다(요 17:17). 하나님께서 친히 우리에게 주신 말씀이며 세상 모든 것보다 위대하고 가장 중요한 책입니다.

"…주께서 주의 말씀을 주의 모든 이름보다 높게 하셨음이라"(시 138:2)

모든 성경이 하나님의 감동으로 되었다(딤후 3:16)고 바울은 말했습니다. 그러므로 우리는 성경의 저자가 하나님 자신이라는 것을 알 수 있습니다. 하나님은 자신뿐만 아니라 하나님의 말씀도 모든 만물보다 높게 하셨습니다. 그리고 성경은 영원 무궁히 정하신 것이고 그 법도의 확실함(시 111:7-8)과 말씀의 영원성을 말하고 있습니다(벧전 1:24-25).

(1) 성경의 내용

성경의 중심인물은 하나님, 곧 예수 그리스도입니다(요 5:39, 눅 24:25-27).
하나님은 우리에게 구약, 즉 옛 언약, 하나님께서 하신 첫 번째 약속과 신약, 즉 새 언약으로 현재의 약속인 두 언약책을 주셨습니다.
구약은 창조로부터 예수 그리스도께서 오시기 약 400년 전까지의 기사로서 우리의 교훈을 위하여 기록되었으며 인내와 안위로 소망을 가지도록 하기 위하여 쓰여졌다고 그 이유를 밝히고 있습니다(롬 15:4).
신약은 구속자이신 예수 그리스도를 나타내는데, 신약 성경은 그리스도의 생애와 기독교의 시작, 구원, 믿는 자들의 삶에 대하여 우리에게 교훈하고 영원한 생명과 영원한 삶에 대한 하나님의 계획을 보여줍니다.

(2) 성경의 유익

"모든 성경은 하나님의 감동으로 된 것으로 교훈과 책망과 바르게 함과 의로 교육하기에 유익하니"(딤후 3:16)

위의 성경구절에서, 하나님의 말씀은 우리의 믿음과 행하는 것을 (　　　　)해주고 우리가 범죄할 때는 (　　　　)하며 (　　　　)하여 죄의 문제를 해결할 수 있게 하고 (　　　　)하여 바른 삶을 살도록 도와줍니다.

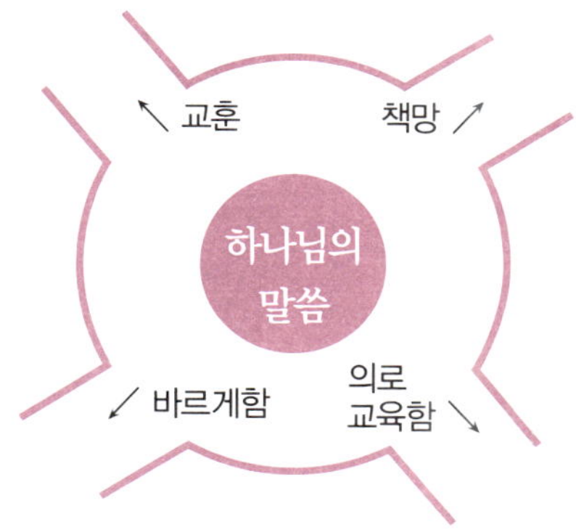

그리고 말씀은 순전하여 의지하는 자에게 방패가 된다고 하셨습니다(잠 30:5-6). 또 말씀은 우리에게 무엇을 줍니까?

① 시편 119:6 ______________________________

② 시편 119:105 ______________________________

③ 시편 119:42 ______________________________

④ 시편 119:165 ______________________________

⑤ 베드로후서 1:3 ______________________________

⑥ 요한복음 15:3 ______________________________

⑦ 예레미야 15:16 ______________________________

이 밖에도 성경은 우리에게 많은 유익을 줍니다. 계획을 세워 읽으시기 바랍니다. 특별히 시편 119편은 일상생활에서 적용할 수 있는 구체적인 말씀을 제시하고 있습니다.

(3) 성경의 분류

성경은 구약 39권과 신약 27권을 합하여 66권으로 되어 있습니다.
그 자세한 분류를 구약부터 살펴봅시다.

① 모세오경(5권)

모세에 의해 쓰여진 성경으로 주로 율법을 다루었습니다. 아래 빈칸을 채워보십시오.

■ ________________ ■ ________________

■ ________________ ■ ________________

■ ________________

② 역사서(12권)

하나님께서 자기가 택한 이스라엘 백성(히브리 민족)의 역사를 기록한 성경으로 그 책의 이름은 다음과 같습니다.

■ ________________ ■ ________________

■ ________________ ■ ________________

■ ________________ ■ ________________

■ ________________ ■ ________________

■ ________________ ■ ________________

■ ________________ ■ ________________

③ 시문서(5권)

하나님의 위대함과 하나님의 인간에 대한 사랑, 삶에 대한 교훈 등을 시와 찬양

(노래)으로 기록한 히브리 민족의 문학입니다.

■ ____________________ ■ ____________________
■ ____________________ ■ ____________________
■ ____________________

④ 대예언서(5권)

예언서 17권 중 대예언서로서 선지자들로부터 히브리 민족에 대한 하나님의 경고와 약속을 전하는 내용으로 소예언서보다 내용이 긴 성경입니다.

■ ____________________ ■ ____________________
■ ____________________ ■ ____________________
■ ____________________

⑤ 소예언서(12권)

예언서 17권 중 소예언서로서 구약의 마지막 12권입니다. 대예언서보다 내용이 짧습니다.

■ ____________________ ■ ____________________
■ ____________________ ■ ____________________
■ ____________________ ■ ____________________
■ ____________________ ■ ____________________
■ ____________________ ■ ____________________
■ ____________________ ■ ____________________

⑥ 역사서(5권)

신약의 처음 5권을 역사서라고 하는데 역사서는 그리스도께서 세상에 오신 목적과 그리스도의 생애를 기록한 복음서 4권과 성령행전으로 불리는 행전 1권으로 되어 있습니다. 다음은 주제를 요약한 것인데 해당되는 성경 이름을 적어 보십시오.

■ 왕으로 오신 예수 그리스도 ____________________

■ 섬기는 종으로 오신 예수 그리스도 ______________________________

■ 인간으로 오신 예수 그리스도 ______________________________

■ 하나님의 아들로 오신 예수 그리스도 ______________________________

■ 교회와 그리스도 통치의 시작 ______________________________

⑦ 서신서(21권)

서신서는 바울서신(13권)과 일반서신(8권)으로 분류되는데 개인과 교회에게 편지한 내용으로 견고한 믿음과 신앙을 권면하는 교훈들로서 그리스도인의 삶에 대한 방법을 제시하고 하나님의 원리들을 말해 줍니다. 먼저 바울서신들을 적어보십시오.

■ ______________________ ■ ______________________

■ ______________________ ■ ______________________

■ ______________________ ■ ______________________

■ ______________________ ■ ______________________

■ ______________________ ■ ______________________

■ ______________________ ■ ______________________

■ ______________________

일반 서신은 어느 것입니까?

■ ______________________ ■ ______________________

■ ______________________ ■ ______________________

■ ______________________ ■ ______________________

■ ______________________ ■ ______________________

⑧ 예언서(1권)

에수 그리스도의 영광의 재림과 통치, 믿는 자들과 불신자들의 최후를 예언한 성경입니다.

■ ______________________

이 성경들을 순서대로 암기하도록 하십시오.

2. 말씀의 능력

하나님의 말씀은 어떤 능력이 있습니까?

① 요한복음 4:46-54 ______________________________

____

② 요한복음 6:63 ______________________________

③ 예레미야 23:29 ______________________________

④ 에베소서 6:17 ______________________________

⑤ 야고보서 1:21 ______________________________

⑥ 베드로전서 1:23 ______________________________

그밖에 하나님의 말씀은 우리에게 큰 능력을 보여주고 있습니다.

"하나님의 말씀은 살아 있고 활력이 있어 좌우에 날선 어떤 검보다도 예리하여 혼과 영과 및 관절과 골수를 찔러 쪼개기까지 하며 또 마음의 생각과 뜻을 판단하나니"(히 4:12)

성경은 우리 자신과 우리 생활을 충분히 변화시킬 수 있는 능력이 있습니다. 그것은 곧 창조주 하나님 자신의 능력과 같은 것입니다. 그렇기 때문에 우리는 그 권위 앞에 복종할 수밖에 없습니다.

또한 성경은 우리를 구원에 이르게 하는 모든 지혜가 있습니다.

"또 어려서부터 성경을 알았나니 성경은 능히 너로 하여금 그리스도 예수 안에 있는 믿음으로 말미암아 구원에 이르는 지혜가 있게 하느니라"(딤후 3:15)

성경은 우리로 하여금 진리를 깨우치게 하며 구원을 받도록 인도해줍니다. 성경은 또 우리가 예수 그리스도 안에서 바르게 성장하도록 도와줍니다(벧후 3:18). 그리고 우리를 든든히 세우고 기업을 얻게 하십니다(행 20:32).

그밖에도 우리 삶을 어떻게 인도해 주는지 성경을 찾아보십시오.

① 시편 37:31 ____________________

② 요한복음 15:3 ____________________

③ 요한복음 16:33 ____________________

④ 요한복음 15:11 ____________________

⑤ 야고보서 1:21 ____________________

⑥ 디모데후서 3:16 ____________________

⑦ 시편 119:49 ____________________

⑧ 시편 119:60 ____________________

이 외에도 말씀은 공부하고 순종할수록 더 큰 능력으로 우리의 삶을 인도해 갑니다. 말씀을 당신의 삶의 지표로 삼아 죄로부터 돌이키고 말씀에 순종하며 지속적으로 말씀을 공부하고, 읽고, 묵상하며 기도하는 실제적 지침들을 실행할 때 하나님의 능력을 체험하게 되고 믿음이 견고해지는 것에 감사하게 될 것입니다.

3. 말씀을 어떻게 배울까?

성경을 어떻게 내 것으로 삼을 수 있는지 몇 가지 방법을 제시하겠습니다.

(1) 말씀을 들을 것

대부분의 그리스도인들은 정기적으로 교회에서 말씀을 듣습니다. 그러나 들은 것을 잘 활용할 수 있어야 합니다. 들으면서 메모하고 그것을 정리하여 성경구절을 찾아가며 개인적으로 복습하는 것은 성경을 이해하고 실천하는데 큰 힘이 될 것입니다.

"…하나님의 말씀을 듣고 지키는 자가 복이 있느니라"(눅 11:28)

(2) 말씀을 매일 읽을 것

성경 전체를 체계적으로 읽을 필요가 있습니다. 신명기 17:19은 왜 말씀을 읽어야 하는지 그 이유를 말해주고 있습니다.

"평생에 자기 옆에 두고 읽어 그의 하나님 여호와 경외하기를 배우며 이 율법의 모든 말과 이 규례를 지켜 행할 것이라"(신 17:19)

우리는 말씀을 따라 순종하고 행하기 위하여 읽어야 합니다. 그래서 좌로나 우로나 치우치지 않는 말씀 중심의 삶을 살아야 합니다.
사람이 떡으로만 살 것이 아니라 하나님의 입으로부터 나오는 모든 말씀으로 사는 것이라고 말씀하셨습니다(신 8:3).
말씀 읽기를 위해 일정한 시간과 일정한 분량을 정해놓고 계획적으로 매일 매일 말씀을 섭취하십시오.

(3) 말씀을 공부할 것

하나님의 진리의 말씀을 옳게 분별하며 순종하여 부끄러움이 없는 하나님의 충성스러운 일꾼으로 성장하기 위해서 (딤후 2:15) 감추인 보배를 찾는 것같이(잠 2:4) 우리는 말씀을 공부해야 합니다.
개인적으로 혹은 성경공부 모임에서 함께 공부하는 것은 당신이 말씀을 기억하여 생활에 적용하게 할 것입니다.

"내가 주께 범죄하지 아니하려 하여 주의 말씀을 내 마음에 두었나이다"(시 119:11)

말씀을 공부하여 당신의 삶의 지침으로 삼으십시오.

(4) 말씀을 암송할 것

예수님께서는 사탄의 유혹을 받을 때마다 성경을 인용하여 사탄을 물리치셨습니다(마 4:4, 7, 10).

말씀을 마음 깊이 새기는 것은 아주 중요한 일입니다. 암송하는 것은 24시간이 지난 후에 100% 기억할 수 있는 매우 좋은 방법입니다. 그리하여 생활 가운데서 그리스도를 전하고 또 어떤 일들을 결정하고 하나님의 뜻을 따르기 위하여 말씀 가운데 풍성히 거하여야 합니다(골 3:16).

"내 계명을 지켜 살며 내 법을 네 눈동자처럼 지키라 이것을 네 손가락에 매며 이것을 네 마음판에 새기라"(잠 7:2-3)

(5) 말씀을 묵상할 것

묵상이란, 말씀을 깨닫고 적용하기 위해 기도하는 마음으로 말씀에 대한 자신의 생각을 되새기는 것입니다.

말씀을 묵상하는 자에게 하나님은 그가 하는 모든 일이 형통하리라고 약속해주셨습니다(시 1:2-3).

"이 율법책을 네 입에서 떠나지 말게 하며 주야로 그것을 묵상하여 그 안에 기록된 대로 다 지켜 행하라 그리하면 네 길이 평탄하게 될 것이며 네가 형통하리라"(수 1:8)

말씀을 섭취하기 위해 투자한 시간에 대해 하나님께서 형통한 삶을 약속하셨습니다.

성령 말씀을 듣고, 읽고, 공부하고, 암송한 것들을 생활 가운데서 말씀을 따라 순종할 수 있도록 말씀을 깊이 묵상하는 시간을 갖도록 하십시오.

지금까지 하나님의 말씀을 완전하게 내 것으로 취할 수 있는 다섯 가지 방법들을 살펴보았습니다.

이제 당신은 위의 다섯 가지 방법을 토대로 목표를 가지고 새로운 계획을 세워 지금 시작하십시오.

방법	계획(1일 기준분량)	목 표
듣기		
읽기		
암송		
공부		
묵상		

또 말씀을 깨닫기 위하여 위의 다섯 가지 방법을 사용하는 것 외에도 당신은 성령의 도우심을 위해 간구해야 할 것입니다.

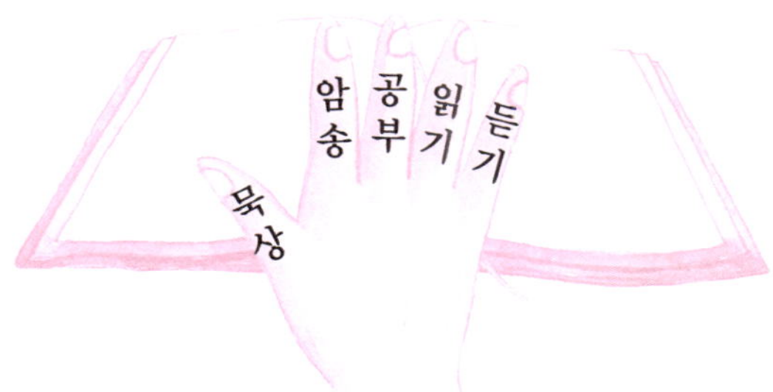

이 방법들을 지속할 때 당신은 얼마나 큰 유익을 얻는지 곧 발견하게 될 것입니다.

제4과 암송요절

- 디모데후서 3:16 • 에베소서 6:17 • 히브리서 4:12 • 시편 37:31
- 요한복음 16:33 • 시편 119:9-11 • 여호수아 1:8

◈ 참고

신약성경 약자표

책명	장	약자표	책명	장	약자표
마태복음	28	마	디모데전서	6	딤전
마가복음	16	막	디모데후서	4	딤후
누가복음	24	눅	디도서	3	딛
요한복음	21	요	빌레몬서	1	몬
사도행전	28	행	히브리서	13	히
로마서	16	롬	야고보서	5	약
고린도전서	16	고전	베드로전서	5	벧전
고린도후서	13	고후	베드로후서	3	벧후
갈라디아서	6	갈	요한1서	5	요일
에베소서	6	엡	요한2서	1	요이
빌립보서	4	빌	요한3서	1	요삼
골로새서	4	골	유다서	1	유
데살로니가전서	5	살전	요한계시록	22	계
데살로니가후서	3	살후			

◈ 요약을 위한 질문

1. 성경은 누구의 말입니까?(삼하 23:1-3)

____

2. 성경은 어떤 사람들에 의해 기록되었습니까?(딤후 3:16, 벧후 1:20-21)

____

3. 성경이 우리에게 주는 교훈과 유익은 무엇입니까?(딤후 3:16)

① ______________ ② ______________

③ ______________ ④ ______________

4. 성경은 어떻게 분류되어 있습니까?

______________(39권) ______________(27권)

5. 모세에 의해 기록된 모세오경은 어떤 책들입니까?

____

6. 신약성경 중 요약한 복음서 4권을 다음에 기입하십시오.

① 왕으로 오신 예수 ______________

② 종으로 오신 예수 ______________

③ 인간으로 오신 예수 ______________

④ 성자로 오신 예수 ______________

7. 말씀은 어떤 능력이 있습니까?

① 요한복음 6:63 ______________

② 히브리서 4:12 ______________

③ 요한복음 16:33 ______________

④ 시편 119:49 ______________

⑤ 사도행전 20:32 ______________

8. 말씀을 묵상하는 자에게 하나님은 무엇을 약속하셨습니까?(수 1:8)

____

9. 성경을 가장 잘 배울 수 있는 다섯 가지 방법을 적어 보십시오.

① ______________________ ② ______________________

③ ______________________ ④ ______________________

⑤ ______________________

10. 다섯 가지 방법 외에 해야할 중요한 한 가지 방법은 무엇입니까? (요 16:3, 15:7)

____

5
STEP

하나님의 말씀

7단계 STEP 7

하나님의 말씀

STEP 5

❶ 구원
❷ 상급

당신의 신앙의 기초들을 더 견고히 하도록 도와줄 「정돈된 신앙을 위한 7단계 공부」 제5과 '구원과 상급'입니다.

지금까지 당신은 하나님의 말씀을 공부해오는 동안 여러 가지 놀라운 사실들을 배웠습니다. 이 과에서도 구원의 문제에 대하여 다루게 됩니다. 그만큼 기독교 신앙에 있어서 구원의 문제는 매우 중요하며 핵심이라고 해도 과언이 아닙니다. 어떻게 구원을 받을 수 있는지, 또 구원 받은 사실을 어떻게 알 수 있는지 말씀을 통하여 분명히 배우게 될 것입니다.

또한 우리가 구원 받은 이후의 삶에 대하여 하나님은 상급을 약속하셨는데, 상급은 무엇인지 또 상급의 종류에는 어떤 것들이 있는지 배우게 됩니다.

당신은 이 5과 '구원과 상급'을 배우고 나서는 더욱 분명한 신앙의 목표들을 가질 수 있을 것입니다. 그리고 당신의 삶의 방식에 아주 구체적인 행동 지침들을 나름대로 말씀을 근거하여 계획할 수도 있게 될 것입니다. 왜냐하면 당신은 이미 하나님에 대하여 배웠고 또 하나님과 더불어 사는 삶이 얼마나 가치 있고 감사한 일인지 알게 될 것이기 때문입니다. 그리고 하나님은 거짓말을 하지 않으시는 분이심을 우리는 잘 알고 있기 때문입니다.

이 과에서도 부분적으로 구원의 문제에 대하여 다루게 되는데, 구원은 우리가 반드시 확신하고 넘어가야 할 매우 중요한 문제입니다. 왜냐하면 그리스도께서 세상에 오신 목적이고 기독교 신앙의 핵심이며 입문이기 때문입니다.

1. 구원

구원은 십자가에서 이루신 그리스도의 보혈의 공로로 인하여 죄 가운데서 죽을 수밖에 없었던 우리에게 영생을 주시고 영원토록 하나님께서 능력과 사랑으로 보호해 주시는 것을 의미합니다.

(1) 하나님의 은혜

당신은 지금 죽는다 해도 천국에 갈 수 있다는 확신이 있습니까?
이 질문에 대하여 많은 사람들이 이렇게 대답합니다.
"나는 매주일 교회에 출석했습니다. 십일조도 거르지 않고 매월 헌금했으며 나쁜 일은 하지 않았습니다. 십계명을 어기지도 않았습니다."

나쁜 대답은 아닙니다. 그러나 그것은 바른 대답이 아닙니다. 왜냐하면 우리가 아무리 열심히 노력을 한다고 해도 우리는 스스로를 구원할 수는 없고, 우리 모두는 죄인이기 때문입니다.

"모든 사람이 죄를 범하였으매…" (롬 3:23)

그렇기 때문에 예수 그리스도께서 우리를 죄에서 구원하시려고 이 세상에 오신 것입니다.

"하나님이 세상을 이처럼 사랑하사 독생자를 주셨으니 이는 그를 믿는 자마다 멸망하지 않고 영생을 얻게 하려 하심이라 하나님이 그 아들을 세상에 보내신 것은 세상을 심판하려 하심이 아니요 그로 말미암아 세상이 구원을 받게 하려 하심이라"(요 3:16-17)

교회출석을 잘했다고 구원받는 것이 아닙니다. 헌금을 많이 했다고 구원을 받을 수 없습니다. 십계명을 지키기 위해 노력했다고 구원받는 것도 아닙니다. 이러한 행위로 구원받을 수 없다고 성경은 말합니다.

"사람이 의롭게 되는 것은 율법의 행위로 말미암음이 아니요 오직 예수 그리스도를 믿음으로 말미암는 줄 알므로 우리도 그리스도 예수를 믿나니 이는 우리가 율법의 행위로써가 아니고 그리스도를 믿음으로써 의롭다 함을 얻으려 함이라 율법의 행위로써는 의롭다 함을 얻을 육체가 없느니라"(갈 2:16)

그렇습니다. 사람의 선한 행위로 구원을 받을 수 없습니다. 오직 예수 그리스도를 믿음으로만 구원을 받을 수 있습니다.

"너희는 그 은혜에 의하여 믿음으로 말미암아 구원을 받았으니 이것은 너희에게서 난 것이 아니요 하나님의 선물이라 행위에서 난 것이 아니니 이는 누구든지 자랑하지 못하게 함이라"(엡 2:8-9)

구원은 하나님께서 우리에게 무조건적인 사랑으로 말미암아 거저 주시는 선물입니다. 모든 믿는 자에게 미치는 하나님의 '의'이기 때문에 차별이 없다고 말씀하십니다(롬 3:23).
우리는 값을 지불할 필요가 전혀 없습니다. 이미 예수 그리스도께서 우리의 죄 값에 대해 단번에 해결하셨기 때문입니다.

"이 뜻을 따라 예수 그리스도의 몸을 단번에 드리심으로 말미암아 우리가 거

룩함을 얻었노라"(히 10:10)

그렇게 단번에 해결하셨을 뿐만 아니라(히 9:28) 죄를 위하여 영원한 제사를 드리셨습니다(히 10:12). 구원은 값없이 베풀어 주시는 은혜입니다. 그것은 영생을 우리에게 선물로 주시는 것입니다. 믿는 자는 누구나 영생을 얻을 수 있습니다(요 5:24).

(2) 구원받은 사실

구원받은 사실을 우리는 말씀을 통해 알 수 있습니다.

"또 증거는 이것이니 하나님이 우리에게 영생을 주신 것과 이 생명이 그의 아들 안에 있는 그것이니라 아들이 있는 자에게는 생명이 있고 하나님의 아들이 없는 자에게는 생명이 없느니라"(요일 5:11-12)

이 말씀은 우리에게 예수 그리스도에 대한 믿음을 요구합니다. 당신에게 아들(예수 그리스도)이 있습니까? 우리가 예수 그리스도를 구세주로 영접할 때 영생을 선물로 받는 것입니다.

"내가 하나님의 아들의 이름을 믿는 너희에게 이것을 쓰는 것은 너희로 하여금 너희에게 영생이 있음을 알게 하려 함이라"(요일 5:13)

우리에게 영생이 있음을 알게 하기 위해 성경이 쓰여졌습니다.

"내가 진실로 진실로 너희에게 이르노니 내 말을 듣고 또 나 보내신 이를 믿는 자는 영생을 얻었고 심판에 이르지 아니하나니 사망에서 생명으로 옮겼느니라"(요 5:24)

우리는 말씀을 근거해서 구원받은 사실을 알 수 있습니다. 우리는 이제 그 사실을 입으로 시인하고 마음에 믿으면 됩니다(롬 10:9-10). 영원한 생명을 소유한 우리는 이제 결코 멸망치 않습니다(요 10:28). 아무도 하나님의 손에서 우리를 빼앗을 수 없는 것입니다(요 10:29). 또한 예수님은 부활이요 생명이시므로 우리가 죽지 않고 영원히 살 것이라고 말씀하십니다(요 11:25-26).

구원받은 그리스도인들의 성장과 하나님과의 올바른 교제를 위한 몇 가지 생활 지침들을 소개하겠습니다. 말씀을 찾아 보십시오. 그리고 이 말씀들을 암송하도록 하십시오.

① 그리스도와 함께 하는 생활(요 15:5)

---

② 하나님의 말씀으로 사는 생활(행 20:32)

---

③ 성령을 따라 사는 생활(롬 8:14)

---

④ 믿음으로 사는 생활(고후 5:7)

---

⑤ 사랑을 실천하는 생활(요일 4:7)

---

⑥ 그리스도 안에 교제하는 생활(요일 1:7)

---

⑦ 증인으로서 사는 생활(벧전 3:15)

---

⑧ 주님께 드리는 생활(고후 9:7)

위의 성경구절들은 그리스도인의 기본적인 삶에 대한 지침입니다. 이 지침들은 당신으로 하여금 풍성한 삶을 누리게 할 것입니다.

2. 상급

하나님은 예수 그리스도를 영접한 우리가 어떤 삶을 살고 있는가에 대해 관심을 갖고 계십니다. 그것은 우리의 삶을 어떻게 믿음으로 살아가고 지혜롭게 투자하는가 하는 문제에 대해 하나님께서 우리에게 약속하신 상급이 있기 때문입니다. 구원은 우리에게 거저 주어진 하나님의 사랑이며 은혜로 얻을 수 있지만, 상급은 우리가 노력해야만 얻을 수 있는 천국의 상급입니다.

"믿음이 없이는 하나님을 기쁘시게 하지 못하나니 하나님께 나아가는 자는 반드시 그가 계신 것과 또한 그가 자기를 찾는 자들에게 상 주시는 이심을 믿어야 할지니라"(히 11:6)

하늘의 상급이 어쩌면 생소할지 모르지만 우리에게 주는 의미를 반드시 알아야만 합니다. 왜냐하면 하나님께서는 여러 차례에 걸쳐서 우리에게 영적 상급을 얻도록 노력하고 하늘의 상급을 지키라고 경고하고 있기 때문입니다.

(1) 상급에 대한 경고

상급을 굳게 잡으라고 말씀하십니다.

"내가 속히 오리니 네가 가진 것을 굳게 잡아 아무도 네 면류관을 빼앗지 못하게 하라"(계 3:11)

이 말씀은 다른 사람이 면류관을 빼앗는 일이 있을 것을 암시하고 있습니다. 당신의 상급을 굳게 잡으십시오.
또 상급을 지키기에 깨어 있으라고 말씀하십니다.

"아무도 꾸며낸 겸손과 천사 숭배를 이유로 너희를 정죄하지 못하게 하라 그가 그 본 것에 의지하여 그 육신의 생각을 따라 헛되이 과장하고"(골 2:18)

우리를 속여 우리 상급을 빼앗는 일에 대하여 경고하고 있습니다. 당신의 상급을 지키는 일에 깨어 있어야 합니다. 성경은 상급에 대하여 우리가 삼가 주의할 것을 언급하고 있습니다.

"너희는 스스로 삼가 우리가 일한 것을 잃지 말고 오직 온전한 상을 받으라"(요이 1:8)

애써 얻은 상을 잃어버리지 않도록 주의하라고 경고하고 있습니다. 당신의 상급을 잃어버리지 않도록 주의하십시오.
상급이 우리의 행위의 결과인 것을 분명히 말해줍니다.

"인자가 아버지의 영광으로 그 천사들과 함께 오리니 그 때에 각 사람이 행한 대로 갚으리라"(마 16:27)

우리의 받을 상급은 구원과 더불어 얻을 수 있는 것이 아닙니다. 상급은 선한 일을 위해 지음 받은 우리에게 선한 일을 위하여 열심을 내도록 하기 위하여 약속하신 하나님의 계획입니다(엡 2:10). 우리는 선한 일을 위해 지속적으로 힘써야 하며 그것이 결국엔 우리에게 유익하다는 것을 성경은 말합니다(딛 3:8).
선행이 우리를 구원할 수는 없습니다. 그러나 선행으로 인한 상급이 우리에게 약속되어 있습니다.

(2) 상급의 종류

성경에 나타난 다섯 가지 면류관에 대하여 찾아보고 그것을 얻는 방법을 살펴보겠습니다.

① 자랑의 면류관

말씀에서 가르치는 대로 순종하여 전도의 열매를 맺는 사람에게 주는 면류관입니다.

"우리의 소망이나 기쁨이나 자랑의 면류관이 무엇이냐 그가 강림하실 때 우리 주 예수 앞에 너희가 아니냐"(살전 2:19)

우리에게 주어진 지상사명(마 4:19)에 대한 우리의 실천입니다. 사람을 낚는 어부로 우리 모두를 부르셨습니다. 우리는 삶의 간증으로, 입술의 간증으로 사람들에게 하늘 나라와 예수 그리스도를 증거해야 합니다.

이 세상에 사는 동안 다른 사람들을 그리스도께 인도하는 일에 충실했다면 마지막 날에 자랑의 면류관을 받게 될 것입니다.

② 생명의 면류관

이 세상에서 여러 시험과 곤경을 참고 끝까지 하나님을 사랑하고 성실하게 섬기는 사람들에게 약속된 면류관입니다.

"시험을 참는 자는 복이 있나니 이는 시련을 견디어 낸 자가 주께서 자기를 사랑하는 자들에게 약속하신 생명의 면류관을 얻을 것이기 때문이라"(약 1:12)

예수님께서도 마귀에게 시험을 당하셨습니다. 우리는 개인적으로 시련을 당하거나 고통 가운데서 믿음의 주요 또 온전하게 하시는 이인 예수를 바라보아야 합니다(히 12:2). 예수님의 참으심을 기억하여야 합니다. 주님께서 우리에게 낙심하지 말라고 권고하십니다(히 12:2-3).
고통과 시험을 참아 이겨낸 당신에게 생명의 면류관이 약속되어 있습니다.

③ 영광의 면류관
하나님의 말씀을 신실하게 가르치며 선포하는 사람, 하나님의 양 무리를 치는 이들에게 주어지는 면류관으로서 사역자들뿐 아니라 하나님의 자녀들을 보살피고 하나님과 그의 나라를 세우는 일에 섬기고 성장을 돕는 사람에게 약속되어 있습니다.

"너희 중에 있는 하나님의 양 무리를 치되 억지로 하지 말고 하나님의 뜻을 따라 자원함으로 하며 더러운 이득을 위하여 하지 말고 기꺼이 하며 맡은 자들에게 주장하는 자세를 하지 말고 양 무리의 본이 되라 그리하면 목자장이 나타나실 때에 시들지 아니하는 영광의 관을 얻으리라"(벧전 5:2-4)

예수님은 우리에게 지상 사명인 제자 삼는 일을 명령하셨습니다(마 28:19). 그것은 세상의 모든 족속으로 제자를 삼아야 하는 우리에게 주어진 임무입니다. 나 자신만 제자가 되라고 하지 않았습니다. 세상의 모든 사람들을 제자로 삼으라고 하십니다.
사람들을 제자로 삼으십시오. 영광의 면류관이 약속되어 있습니다.

④ 썩지 아니할 면류관
예수 그리스도를 따르는 제자들의 삶에 핵심인 자기 부인의 삶을 살며, 하나님의 말씀을 잘 지킨 사람들에게 주어지는 면류관입니다.

"이기기를 다투는 자마다 모든 일에 절제하나니 그들은 썩을 승리자의 관을 얻고자 하되 우리는 썩지 아니할 것을 얻고자 하노라"(고전 9:25)

이 세상을 살아가는 동안 예수님의 말씀에 순종하여 훈련하고 죄의 쾌락을 부인하는 자기 부인과 십자가를 지는 삶을(눅 9:23) 살아가는 당신에게 썩지 아니할 면류관을 주실 것입니다.

⑤ 의의 면류관

예수 그리스도의 재림을 기다리며 사모하는 사람들에게 약속된 면류관입니다.

"이제 후로는 나를 위하여 의의 면류관이 예비되었으므로 주 곧 의로우신 재판장이 그 날에 내게 주실 것이며 내게만 아니라 주의 나타나심을 사모하는 모든 자에게도니라"(딤후 4:8)

예수님의 다시 오심을 기다리며 깨어있어서 예수님과 동행하는 삶을 살면 의의 면류관을 받게 됩니다.
상급을 사모하는 것은 성경적입니다. 하나님께서 우리의 신앙 생활을 권면하는 것입니다. 그것은 우리가 영원한 삶을 위해 가치로운 일에 우리 자신을 드릴 수 있도록 동기를 주시기 위한 것입니다. 단순히 우리 일상 생활에서 주님을 사랑하여 우리가 할 수 있는 일에 대한 상급입니다. 어떤 특정인들만이 할 수 있는 것이 아닙니다. 말씀에 순종하는 삶을 살아가면 됩니다.

면류관	얻는 방법	삶의 영역
자랑의 면류관(살전 2:19)	영혼을 구함	전도
생명의 면류관(약 1:12)	시련과 유혹을 이김	제자도
썩지 아니할 면류관(고전 9:25)	자기 부인	제자도
영광의 면류관(벧전 5:2-4)	양을 돌봄	제자삼기
의의 면류관(딤후 4:8)	재림을 기다림	재림

제5과 암송요절

• 히브리서 11:6 • 요한계시록 3:11 • 요한이서 1:8 • 마태복음 16:27
• 데살로니가전서 2:19 • 야고보서 1:12 • 베드로전서 5:2-4
• 고린도전서 9:25 • 디모데후서 4:8

◈ 요약을 위한 질문

1. 에베소서 2: 8-9을 외워 쓰십시오.

____

____

2. 요한일서 5:11-12에서 아들이 있는 자에게는 무엇이 있습니까?

____

3. 하나님께서 우리에게 무엇을 약속하십니까?(히 11:6)

____

4. 다음 성경구절은 상급에 대한 경고입니다. 요약해보십시오

- 요한계시록 3:11 ______________________________
- 골로새서 2: 18 ______________________________
- 요한이서 1:8 ______________________________

5. 다음 성경구절을 찾아서 적어보십시오. 면류관의 종류를 기록하고 얻을 수 있는 방법은 무엇입니까?

① 데살로니가 전서 2:19

____

____

- 면류관의 종류 ______________________________
- 얻는 방법 ______________________________

② 야고보서 1:12

____

____

- 면류관의 종류 ______________________________
- 얻는 방법 ______________________________

③ 베드로전서 5:2-4

____

____

■ 면류관의 종류 ________________________

■ 얻는 방법 __________________________

④ 고린도전서 9:25

____

____

■ 면류관의 종류 ________________________

■ 얻는 방법 __________________________

⑤ 디모데후서 4:8

____

____

■ 면류관의 종류 ________________________

■ 얻는 방법 __________________________

6. 하나님께서 우리에게 어떻게 권면하고 계십니까?(히 12:2-3)

____

◈ 참고

창세기의 시작

시 작	성 구
만물의 시작	1:1-31
인간의 시작	1:26-28
결혼의 시작	2:18-35
죄의 시작	3:1-6
구속 약속의 시작	3:15
가정의 시작	4:1-2
제사의 시작	4:3-4
살인의 시작	4:5-8
성읍의 시작	4:16-18
열국의 시작	10:1-32
언어혼잡의 시작	11:1-9
이스라엘의 시작	12:1-3

6
STEP

확신있는 신앙생활

7단계 STEP 7

STEP 6

확신있는 신앙생활

- ❶ 구원의 확신
- ❷ 사죄의 확신
- ❸ 인도의 확신
- ❹ 승리의 확신
- ❺ 기도응답의 확신

신앙의 기초를 새롭게 점검할 시간을 주고 스스로 정돈할 수 있도록 도와줄「정돈된 신앙을 위한 7단계 공부」제6과 '확신있는 신앙생활'입니다.

이 과에서는 우리가 모든 의심에서 벗어나서 확신있는 신앙생활을 할 수 있도록 하나님께서 우리에게 주신 다섯 가지 기본적인 약속들에 대하여 공부할 것입니다.

이제 이 과에서 배울 다섯 가지의 하나님의 약속들은 예수 그리스도를 영접한 당신의 삶에 있어 매우 중요한 지침이 될 것입니다. 당신이 이 약속들에 대하여 스스로 마음에 새겨 굳게 믿고 확신을 가진다면 매일의 삶 속에서 승리할 수 있을 것입니다.

당신이 반드시 알아야 할 다섯 가지 사실들에 대하여 이 과에서 공부하는 것 외에도 본문을 묵상하고 성경구절을 암송함으로 당신 스스로가 하나님께서 주시는 확신들을 마음과 생활 속에 쌓아가시기 바랍니다. 이 확신들은 당신의 삶을 하나님이 기뻐하시는 길로 인도할 것이며, 당신이 하나님을 더욱 신뢰하게 도울 것입니다. 그리고 생활 속에 적용해 나가는 것을 잊지 마십시오.

이 과는 그리스도인의 확신있는 신앙을 위해 매우 중요한 것들을 다루고 있습니다.
당신에게 주실 하나님의 약속과 확신들을 기대하십시오.

1. 구원의 확신

하나님께서는 당신이 구원받은 사실을 알기를 원하십니다.

"또 증거는 이것이니 하나님이 우리에게 영생을 주신 것과 이 생명이 그의 아들 안에 있는 그것이니라 아들이 있는 자에게는 생명이 있고 하나님의 아들이 없는 자에게는 생명이 없느니라"(요일 5:11-12)

영생은 누가 줍니까? 하나님입니다. 하나님이 우리에게 영생을 주십니다. 우리가 죄인임에도 불구하고 하나님께서는 독생하신 예수 그리스도에게 우리 죄를 대신 짊어지도록 하셨습니다(사 53:6). 하나님께서는 우리를 향한 사랑을 그렇게 보여주셨습니다(롬 5:8).

하나님과 교제하도록 지어진 우리는 죄 때문에 하나님과 분리되었습니다. 더 이상 교제할 수 없는 관계가 되었습니다(사 59:2). 인간 스스로 하나님과의 관계를 회복하려고 노력했지만 행위의 결과로는 죄로부터 구원될 수 없었습니다(엡 2:8-9). 오직 죄가 없으신 예수 그리스도만이 하나님과 우리의 관계를 회복할 수 있는 중보자가 되셨습니다(벧전 3:18).

"오직 이것을 기록함은 너희로 예수께서 하나님의 아들 그리스도이심을 믿게 하려 함이요 또 너희로 믿고 그 이름을 힘입어 생명을 얻게 하려 함이니라"(요 20:31)

영생은 어디에 있습니까? 그의 아들 예수 그리스도 안에 있습니다. 아들이 있는 자는 영생을 소유하고 있다고 말합니다. 아들이 없는 자, 예수님을 믿지 않는 자는 영생이 없습니다.
요한복음 10:27-29에서 예수님은 믿는 사람들에게 영원히 멸망치 않을 영생을 주시며 아무도 아버지 손에서 빼앗지 못하게 보호하며 지키실 것을 약속하십니다.
믿음으로 얻는 세 가지 결과는 무엇입니까? 당신의 현재와 미래, 과거까지도 바뀐 사실을 보십시오.

"내가 진실로 진실로 너희에게 이르노니 내 말을 듣고 또 나 보내신 이를 믿는 자는 영생을 얻었고 2)심판에 이르지 아니하나니 사망에서 생명으로 옮겼느니라"(요 5:24)

당신은 확실한 구원의 확신이 있습니까?

2. 사죄의 확신

하나님께서는 당신이 죄를 지었을 때 용서하여 주시는 분임을 알기 원하십니다.

"만일 우리가 우리 죄를 자백하면 그는 미쁘시고 의로우사 우리 죄를 사하시며 우리를 모든 불의에서 깨끗하게 하실 것이요"(요일 1:9)

하나님께서는 우리의 죄에 대하여 자백하기를 원하십니다. 그것은 하나님께 스스로 아뢰어 고백하는 것을 말합니다. 그렇게 하면 미쁘시고 의로우신 하나님은 우리 죄를 용서하시고 사해 주시며 또 모든 불의에서 깨끗하게 우리를 보호하신다고 약속하셨습니다.

우리는 죄로부터 구원받았지만 여전히 죄성을 가지고 살아갑니다. 당신이 죄인임을 인정하는 것은 매우 중요한 일입니다.

"우리는 그리스도 안에서 그의 은혜의 풍성함을 따라 그의 피로 말미암아 속량 곧 죄 사함을 받았느니라"(엡 1:7)

예수의 보혈이 우리의 죄사함의 근거가 되는 것입니다. 예수 그리스도는 우리의 죄를 위하여 영원한 제사를 드리셨습니다(히 10:12).

또한 당신이 이미 하나님께 자백한 죄에 대하여는 하나님은 다시 기억하지 않으신다고 하셨습니다(히 10:17). 그러므로 이미 자백한 죄에 대하여 죄의식을 느끼는 것은 성경적이 아닙니다. 당신에게 아직 자백하지 않은 죄가 있습니까? 만일 그렇다면 지금 자백하십시오. 그리고 그분의 용서하심을 경험하고 감사하십시오. 이제 자백한 죄에 대하여 자유로움을 찾고 하나님의 죄사함에 대하여 확신하시기 바랍니다.

3. 인도의 확신

하나님께서는 당신이 당신의 삶을 그분께 의탁하기를 원하시며, 하나님께서 인도해주실 것을 당신이 믿기를 원하십니다.

"너는 마음을 다하여 여호와를 신뢰하고 네 명철을 의지하지 말라 너는 범사에 그를 인정하라 그리하면 네 길을 지도하시리라"(잠 3:5-6)

당신이 해야 할 세 가지 일이 있습니다. 여호와를 의뢰하는 것과 내 명철을 의지하지 않는 것과 범사에 주님을 인정하는 것이 그것입니다. 당신이 그렇게 하면 주님은 무엇을 약속하십니까? 당신의 길을 지도하시겠다고 약속하십니다.

"내가 네 갈 길을 가르쳐 보이고 너를 주목하여 훈계하리로다"(시 32:8)

어떤 사람들에게 그런 특별한 약속을 하십니까? 여호와를 의지하고 여호와를 의뢰하는 사람입니다(렘 17:7). 우리는 범사에 주님을 인정할 뿐만 아니라 그분의 뜻이 무엇인지 분별해야 합니다. 왜냐하면 예수님 자신도 자신의 뜻을 행하려고 온 것이 아니라 '나를 보내신 하나님의 뜻을 행하려 한다'고 말씀하셨고(요 6:38-39), 또한 하나님의 뜻은 선하고 온전하기 때문입니다(롬 12:2). 그리고 하나님의 생각은 우리 생각보다 높고 우리의 생각은 사사로운 것이기 때문입니다(사 55:8-9).
여호와를 의지하십시오. 당신의 길을 지도해 주실 것입니다.
당신이 이해할 수 없는 상황 가운데도 하나님은 당신이 하나님을 의지하여 기도하고 그분께 아뢰기를 원하십니다.

"너희 중에 누구든지 지혜가 부족하거든 모든 사람에게 후히 주시고 꾸짖지 아니하시는 하나님께 구하라"(약 1:5)

그리고 당신은 하나님께서 약속을 이루시기까지 오래 참음과 기다림으로 인내하십시오. 그것은 하나님의 약속을 받기 위해 필요한 최소한의 믿음의 행동입니다(히 10:36).
하나님을 인정하고 의지하십시오. 그러면 반드시 당신을 인도해 주실 것입니다.

〈믿음〉

〈인내〉

〈사랑〉

〈죄사함〉

〈기쁨〉

4. 승리의 확신

하나님께서는 당신이 시험을 극복할 수 있다는 것을 알기를 원하십니다.

"사람이 감당할 시험 밖에는 너희가 당한 것이 없나니 오직 하나님은 미쁘사 너희가 감당하지 못할 시험 당함을 허락하지 아니하시고 시험 당할 즈음에 또한 피할 길을 내사 너희로 능히 감당하게 하시느니라"(고전 10:13)

당신이 당하는 모든 유혹과 시험은 능히 감당할 수 있는 것입니다. 당신이 유혹과 시험을 받을 때 하나님께서 승리할 수 있도록 해주십니다. 그리고 하나님은 유혹과 시험 가운데서 우리에게 피할 길을 주셔서 유혹과 시험을 당할 때 능히 감당할 수 있게 해주신다고 약속하셨습니다.
그렇다면 우리에게 시험과 유혹, 시련을 주시는 목적은 무엇입니까?

"이는 너희 믿음의 시련이 인내를 만들어 내는 줄 너희가 앎이라 인내를 온전히 이루라 이는 너희로 온전하고 구비하여 조금도 부족함이 없게 하려 함이라"(약 1:3-4)

우리를 온전하고 구비하여 조금도 부족함이 없게 하시려고 우리에게 시련과 유혹을 허락하십니다. 시련은 인내를 만들어 냅니다.
유혹의 원인은 무엇입니까? 욕심에 끌려 미혹되기 때문입니다(약 1:13-14). 세상에서 받는 유혹은 어떤 것인지 성경은 분명히 말하고 있습니다.

"이 세상이나 세상에 있는 것들을 사랑하지 말라 누구든지 세상을 사랑하면 아버지의 사랑이 그 안에 있지 아니하니 이는 세상에 있는 모든 것이 육신의 정욕과 안목의 정욕과 이생의 자랑이니 다 아버지께로부터 온 것이 아니요

세상으로부터 온 것이라"(요일 2:15-16)

육신의 정욕과 안목의 정욕과 이생의 자랑으로 당신에게 유혹이 올 때 우리를 굳게 하시고 약한 자에게서 지키시는 하나님을 의지하십시오(살후 3:3).

하나님의 약속하신 말씀을 믿고 확신하십시오. 그러면 당신을 지켜주시며 피할 길로 인도해 주실 것입니다.

당신은 유혹으로부터 죄에 빠지지 않기 위해 해야 할 일들이 있습니다. 그것이 어떤 일인지 찾아서 정리해 보십시오.

■ 마태복음 6:9, 13 ______________________________

____

■ 시편 119:9, 11 ______________________________

____

■ 요한일서 5:4-5 ______________________________

____

■ 야고보서 4:7 ______________________________

____

그러면 당신은 분명히 피할 길을 얻게 될 것입니다.

유혹과 시험이 당신에게 있을 때 하나님의 약속의 말씀을 믿고 하나님을 의지하여 순종하십시오. 그러면 당신은 승리할 수 있습니다.

5. 기도응답의 확신

하나님께서는 당신의 기도를 들으시고 응답하여 주신다는 사실을 알기를 원하십니다.

"지금까지는 너희가 내 이름으로 아무 것도 구하지 아니하였으나 구하라 그

리하면 받으리니 너희 기쁨이 충만하리라"(요 16:24)

기도는 아버지께 구하는 것입니다. 곧 하나님과 교제하는 대화입니다. 우리는 예수님의 이름으로 기도해야 합니다. 위의 말씀으로 보아 기도의 결과는 무엇입니까? 첫째는 구하는 것을 얻게 되는 것이고, 둘째는 그로 인해 우리의 기쁨이 충만하게 되는 것입니다. 우리의 기도를 응답해 주시는 하나님의 사랑입니다.
하나님께서는 기도응답에 대한 약속들을 우리가 확신하기를 원하십니다. 마태복음 7:7-11은 기도응답에 대한 약속들을 말하고 있는데 그것을 묵상하고 다음 질문에 답하십시오.

① 하나님은 자녀들에게 어떤 것을 주십니까?(11)

우리의 기도가 옳다고 동의될 때 '가장 좋은 것'으로 채워주십니다.
② 당신이 당신에게 해로운 것을 구할 때 하나님은 어떻게 응답하시라고 생각하십니까?

욕심 때문에 어처구니없는 것을 고집할 때 하나님은 '안 된다'고 응답하십니다.
또한 그것이 당신에게 해로운 것임을 깨달을 수 있게 해주실 것입니다.
③ 당신이 구하는 것이 좋기는 하지만 시기적으로 적당하지 않을 경우에 하나님은 어떻게 응답하시리라고 생각하십니까?

시기가 적절치 않음을 깨닫게 해주시고 '기다리며' 계속적으로 기도할 수 있게 해주실 것입니다.
그것은 마치 신호등과도 같습니다. 기꺼이 응답해 주시는 초록색 신호등과 안되는 것을 뜻하는 빨간 신호등, 기다리라는 뜻의 황색 신호등. 우리는 우리의 기도가

하나님의 뜻을 분별하며, 하나님의 뜻을 구하는 기도가 될 수 있도록 겸손한 믿음의 태도를 키워야 합니다.
하나님께서 아주 특별한 방법으로 우리의 기도에 응답하시는 것을 주목해 보십시오.

"너는 내게 부르짖으라 내가 네게 응답하겠고 네가 알지 못하는 크고 은밀한 일을 네게 보이리라"(렘 33:3)

우리가 구하는 것이나 생각하는 모든 것에 더 넘치도록 응답해 주실 것입니다(엡 3:20).

그러면 응답받는 기도의 조건은 무엇입니까?

"너희가 내 안에 거하고 내 말이 너희 안에 거하면 무엇이든지 원하는 대로 구하라 그리하면 이루리라"(요 15:7)

우리가 죄 가운데 있는데도 기도에 응답받는 것이 아닙니다. 우리 행동의 기준이 하나님과 그 말씀에 있고, 말씀에 순종하여 생활에 적용하는 삶을 살아갈 때 원하는 대로 이룰 수 있는 것입니다. 그의 계명들을 지키고 그 앞에서 기뻐하시는 것을 행할 때 구한 것을 받는다고 말씀하십니다(요일 3:22).

"그를 향하여 우리가 가진 바 담대함이 이것이니 그의 뜻대로 무엇을 구하면 들으심이라 우리가 무엇이든지 구하는 바를 들으시는 줄을 안즉 우리가 그에게 구한 그것을 얻은 줄을 또한 아느니라"(요일 5:14-15)

구할 때는 예수님 이름으로 구하고, 구하고 나서는 그가 응답하실 것을 확신하는 믿음이 필요합니다.

기도응답을 방해하는 요소는 무엇입니까?

① 야고보서 4:3 ____________________

② 시편 66:18 ____________________

③ 야고보서 4:6 ____________________

④ 이사야 59:1-2 ____________________

빌립보서 4:6-7은 기도할 때의 올바른 태도를 말씀하고 있습니다. 어떤 것인지 정리해보십시오.

① 구할 때의 태도 ____________________

② 구하기 전의 태도 ____________________

③ 구한 후의 태도 ____________________

아무것도 염려하지 않고 예수의 이름으로 구하며, 응답해주실 것을 확신하십시오. 당신의 마음에 평강과 기쁨이 있을 것입니다.

균형있는 기도의 삶을 유지하기 위한 기도 방법을 소개합니다. 각 단어의 영어 첫 글자를 따서 'ACTS(사도행전)'라 부르는 이 방법을 적용해 보십시오.

① 찬양(ADORATION)

하나님을 위한 기도로서 하나님의 사랑, 은혜, 능력, 광대하심, 위엄 등 하나님을 찬양하는 것입니다. 하나님의 주권을 묵상합니다.

② **자백(CONFESSION)**

하나님께서 깨닫게 하신, 당신이 지은 모든 죄를 당신 스스로 시인하는 것입니다. 솔직하고 겸손하게 고백하는 것입니다. 당신을 사랑하시는 하나님께서 사하여 주심을 믿고 자백하십시오.

③ **감사(THANKSGIVING)**

하나님께서 당신에게 주신 모든 것에 대한 감사를 말로 표현하는 것입니다. 나에게 베풀어 주신 구체적인 은혜들에 대하여 감사하십시오.

④ **간구(SUPPLICATION)**

필요를 구체적으로, 진지하고 겸손하게 구하는 것입니다. 먼저 다른 사람의 필요를 위하여 중보기도를 하고 그 다음 자신의 필요를 위해 기도하십시오.

그러고 나서는 예수 그리스도의 이름으로 마치는 것이 중요합니다.

제6과 암송요절

- 요한일서 5:11-12 • 요한일서 1:9 • 잠언 3:5-6
- 고린도전서 10:13 • 요한복음 16:24

◈ 요약을 위한 질문

1. 구원의 확신을 주는 말씀을 암송하여 적고 질문에 답하십시오.

〈　　　　　　　〉 ______________________________

____

(1) 영생은 누가 줍니까?

____

(2) 영생은 어디에 있습니까?

____

(3) 영생을 소유한 사람은 누구입니까?

____

(4) 영생이 없는 사람은 누구입니까?

____

2. 사죄의 확신을 주는 말씀을 암송하여 적고 질문에 답하십시오.

〈　　　　　　　〉 ______________________________

____

(1) 우리는 우리 죄를 어떻게 해야 합니까?

____

(2) 하나님은 어떤 분입니까?

____

(3) 우리가 죄를 자백하면 하나님은 어떻게 반응하십니까?

____

3. 인도의 확신을 주는 말씀을 암송하여 적고 질문에 답하십시오.

〈　　　　　　　〉 ______________________________

____

(1) 우리가 해야 할 세 가지 일은 무엇입니까?

① ____________________

② ____________________

③ ____________________

(2) 그렇게 할 때 하나님은 우리에게 무엇을 약속하십니까?

____

4. 승리의 확신을 주는 말씀을 암송하여 적고 질문에 답하십시오.

〈　　　　　　〉____________________

____

(1) 우리가 당하는 유혹은 어떤 것입니까?

____

(2) 하나님이 허락하시는 시험은 어떤 것입니까?

____

(3) 하나님은 우리가 시험 당할 때 어떻게 해주십니까?

____

5. 기도응답의 확신을 주는 말씀을 암송하여 적고 질문에 답하십시오.

〈　　　　　　〉____________________

____

(1) 누구의 이름으로 기도해야 합니까?

____

(2) 하나님은 기도의 결과를 어떻게 약속하십니까?

____

◈ 참고

성령의 9가지 열매

	열매	관련성경구절	육체의 소욕
1	사랑	요한일서 4:8	증오,투기
2	희락	로마서 14:17	염려, 고통
3	화평	로마서 5:1	원수 맺는 것, 분쟁
4	인내	베드로후서 1:6	경솔
5	자비	골로새서 3:12	무관심, 냉담
6	양선	사도행전 11:24	불친절
7	충성	고린도전서 4:2	배신
8	온유	에베소서 4:2	포악
9	절제	베드로후서 1:6	방탕함

7

STEP

승리하는
신앙생활

7단계 STEP 7

STEP 7 승리하는 신앙생활

❶ 우리의 적은 누구인가?
(1) 적의 이름
(2) 사탄은 어떤 자인가?
(3) 사탄으로부터의 승리
(4) 사탄에 대한 심판
❷ 증인으로서의 삶

신앙의 기초를 굳게 하고 정돈해 줄 ■정돈된 신앙을 위한 7단계 공부■ 제7과 '승리하는 신앙생활'입니다.

우리가 예수 그리스도를 영접하고 난 후에 우리의 적은 우리를 지속적으로 공격하여 에수 그리스도를 배우고 예수 그리스도 안에 교제하고 성장해 나가는 것을 방해합니다.

이 과에서 당신은 우리가 반드시 알아야 할 우리의 적에 대하여 분명히 배우게 될 것입니다. 적의 특성과 술책, 또한 적의 공격으로부터 어떻게 승리할 수 있는가에 대하여 배우겠습니다.

그리하여 그리스도 안에서 승리의 삶을 누리며 날마다 승리하는 신앙생활을 하기 위해 하나님의 약속의 말씀들로 자신의 믿음을 견고히 할 뿐만 아니라 당신으로 하여금 다른 사람에게 그리스도를 전하는 증인의 삶을 살도록 할 것입니다.

그리고 다른 사람을 어떻게 그리스도께 인도해야 하는가, 그 효과적이고 구체적인 방법들을 이 과에서 배우게 될 것입니다.

지금까지 당신이 기도하며 충실히 공부해온 것처럼 성령의 도우심을 구하십시오. 그리고 말씀을 깊이 묵상하십시오. 하나님께서 당신에게 학자같이 깨닫도록 도우실 것입니다. 그리고 삶에 적용해 나가는 습관을 갖도록 하십시오. 당신의 믿음이 견고하여 흔들리지 않을 것입니다.

그리스도를 믿기로 한 그 순간부터 당신은 적과의 싸움을 시작하게 됩니다. 우리는 이 적과의 싸움에서 승리하기 위하여 적에 대하여 자세히 알아야만 합니다.

1. 우리의 적은 누구인가?

(1) 적의 이름

우리 적의 이름을 성경을 통해 찾아보겠습니다.

"큰 용이 내쫓기니 옛 뱀 곧 마귀라고도 하고 사탄이라고도 하며 온 천하를 꾀는 자라 그가 땅으로 내쫓기니 그의 사자들도 그와 함께 내쫓기니라"(계 12:9)

위의 성경구절에서 우리 적의 이름들은 어떻게 표현되어 있습니까?

____

또 다르게 표현되어 있는 이름들을 다음 성경구절에서 찾아보십시오.

- 요한계시록 12:10 ______________________________
- 마태복음 9:34 ______________________________
- 고린도후서 4:4 ______________________________

그리고 우리의 적인 사탄은 흉악한 자(요일 2:14)일뿐만 아니라 처음부터 살인한 자요 거짓의 아비라고(요 8:44) 성경은 표현하고 있습니다.

(2) 사탄은 어떤 자인가?

사탄은 파괴하는 자로 수단과 방법을 가리지 않고 그리스도인들을 쓰러뜨리려고 계속해서 공격합니다.

그러면 사탄은 어떤 자인지 구체적으로 찾아보겠습니다.

① 누가복음 4:6-8

"이르되 이 모든 권위와 그 영광을 내가 네게 주리라 이것은 내게 넘겨 준 것이므로 내가 원하는 자에게 주노라 그러므로 네가 만일 내게 절하면 다 네 것이 되리라 예수께서 대답하여 이르시되 기록된 바 주 너의 하나님께 경배하고 다만 그를 섬기라 하였느니라"

예수님이 광야에서 사탄에게 시험받으시는데 사탄은 명예욕에 대한 정신적 시험을 합니다. 여기에서 볼 수 있는 것처럼 사탄은 하나님의 위치까지 자신을 높여 하나님을 대신하여 인간의 경배를 받으려 하는 자입니다.

② 요한복음 8;44

"너희는 너희 아비 마귀에게서 났으니 너희 아비의 욕심대로 너희도 행하고자 하느니라 그는 처음부터 살인한 자요 진리가 그 속에 없으므로 진리에 서지 못하고 거짓을 말할 때마다 제 것으로 말하나니 이는 그가 거짓말쟁이요 거짓의 아비가 되었음이라"

사탄의 본질적인 속성이 거짓말쟁이라고 말하고 있습니다. 뿐만아니라 사탄에게는 진리가 없습니다. 그의 속성으로 보아 진리가 있을 수 없습니다. 사탄은 온 천하를 꾀며 형제들을 참소하고 하나님 앞에서 밤낮 참소하던 자입니다(계 12:9).

③ 베드로전서 5:8

"근신하라 깨어라 너희 대적 마귀가 우는 사자 같이 두루 다니며 삼킬 자를 찾나니"

사탄은 '우는 사자 같이 두루 다니며 삼킬 자' 곧 구원받은 사람들을 찾으러 다닌다고 말하고 있습니다. 계속해서 사탄은 그리스도인들을 넘어뜨리려 하고 있는 것입니다.

④ 고린도후서 4:3-4

"만일 우리의 복음이 가리었으면 망하는 자들에게 가리어진 것이라 그 중에 이 세상의 신이 믿지 아니하는 자들의 마음을 혼미하게 하여 그리스도의 영광의 복음의 광채가 비치지 못하게 함이니 그리스도는 하나님의 형상이니라"

사탄은 말씀을 빼앗을 뿐만 아니라(눅 8:12), 믿지 않는 사람들의 마음을 혼미하게 하여 복음의 전파를 막는 것이 사탄의 목표입니다. 사탄은 선교와 전도를 훼방하고 있습니다.

⑤ 고린도후서 11:3

"뱀이 그 간계로 하와를 미혹한 것 같이 너희 마음이 그리스도를 향하는 진실함과 깨끗함에서 떠나 부패할까 두려워하노라 "

사탄은 우리가 그리스도를 향하는 진실함과 깨끗함에서 떠나 부패하게 하는 능력을 행사하고 있음을 말합니다. 그리고 사탄은 자신의 거짓을 숨기고, 속이기 위해

꾸미고 가장합니다. '그리스도의 사도로 가장하고 광명의 천사로 가장하여'(고후 11:13-14) 우리를 유혹하고 악의 길로 인도합니다.

이 외에도 사탄은 수단과 방법을 가리지 않고 우리로 말씀을 의심하게 하고(창 3:1), 불순종하게 하며(창 3:4-5), 어둠을 지배하며(행 26:18), 예수 그리스도까지 시험하는 자입니다. 뿐만 아니라 욥처럼 우리와 하나님과의 교제를 단절(욥 2:4-5) 시키려고 파괴하는 자입니다. 끊임없이 그리스도인들을 속이고 유혹하여 넘어뜨리려 하고 있으며 불순종의 아들들 가운데서 역사하는 공중의 권세 잡은 자(엡 2:2)입니다.

(3) 사탄으로부터의 승리

그러면 우리는 어떻게 사탄으로부터 승리할 수 있습니까?

여기에 대한 실제적인 방법들을 성경은 우리에게 알려주고 있습니다.

"또 우리 형제들이 어린 양의 피와 자기들이 증언하는 말씀으로써 그를 이겼으니 그들은 죽기까지 자기들의 생명을 아끼지 아니하였도다"(계 12:11)

위의 성경구절은 사탄을 이길 수 있는 세 가지 요소를 말하고 있습니다. 첫째는 예수님의 보혈인 어린양의 피와 둘째는 믿음을 굳게 하는 복음의 증거 곧 말씀과 전도 그리고 셋째는 생명을 아끼지 않았던 예수님의 희생적인 사랑입니다. 우리는 그것으로 사탄으로부터 승리할 수 있는 것입니다.

예수 그리스도께서 십자가 위에서 돌아가심으로 우리를 해방하고 자유케 하셨습니다. 이미 그리스도께서 사탄을 이기셨기 때문에 그의 자녀인 우리는 사탄을 이길 힘을 공급받는 것입니다(요일 4:4).

예수 그리스도의 십자가의 죽음은 사탄에 대한 승리이며 사람에 대한 자유를 의미합니다(히 2:14-15).

우리는 근신하고 깨어있어 믿음으로 사탄을 대적할 수 있어야 합니다(벧전 5:8-9).

무엇이 사탄을 이길 수 있게 하는지 찾아 보겠습니다.

① **에베소서 6:16-18** 하나님의 말씀입니다.

예수께서 신체적으로 가장 약한 상태에서 사탄의 시험을 받았을 때 말씀으로 깨끗하게 이겨내신 사건을 보십시오(마 4:1-11). 확신있는 말씀으로 대적하셨습니다. 시험을 결코 피하지 않으셨습니다. 말씀 위에 확신있게 서십시오. 우리의 승리의 근거가 여기에 있 습니다. 또 하나는 항상 해야 하는 기도와 간구입니다.

시험에 들지 않기 위하여 우리는 깨어 기도해야 합니다(마 6:13).

② **야고보서 4:7** 하나님께 대한 전적인 순종입니다.

하나님께 순종하고 마귀를 대적하라고 말합니다. 그러면 어떻게 됩니까? 마귀가 우리를 피한다고 말합니다.

우리 안에 계신 하나님을 믿고 또 그분이 세상보다 크심을 믿어야 합니다(요일 4:4). 우리의 승리의 근거는 바로 그런 하나님과 그 하나님을 믿는 믿음에 있습니다.

하나님은 우리에게 악한 자가 꾈지라도 따르지 말며(잠 1:10) 악한 길로 다니지 말며 피하여 돌이키라(잠 4:14-15)고 경고하십니다.

(4) 사탄에 대한 심판

사탄에 대한 예고된 심판은 무엇입니까?

① **세세토록 밤낮 괴로움을 받는 불과 유황못에 던져짐(계 20:10)**

사탄은 유황불 붙는 못(계 19:20)에 던져질 것입니다. 이것은 영원한 형벌을 의미합니다(마 25:41).

② **결박당함(계 20:2)**

사탄은 천 년 동안 묶여 있을 것입니다. 이것은 하나님께서 사탄의 역사를 제한하시는 것을 의미합니다. 사탄은 더 이상의 능력을 행사할 수 없습니다.

③ 세상에서 쫓겨남(요 12:31)

하나님의 심판으로 말미암아 사탄은 세상에서 쫓겨날 것입니다.

④ 음부, 구덩이의 맨 밑에 떨어짐(사 14:15)

사탄은 하나님의 영원한 형벌, 심판의 불로 말미암아 반드시 소멸(계 20:9)됩니다.

사탄으로부터 매일 매일 승리하기 위하여 당신이 자신의 삶 가운데서 구체적으로 해야 할 실제적인 방법들을 계획하여 실천하도록 하십시오.

2. 증인으로서의 삶

우리가 구원을 받은 후 하나님께서는 우리로 하여금 다른 사람을 주님께 인도하기를 원하십니다. 중요한 것은 우리가 증거활동을 펴는 것이 아니라 우리 자신이 증인이 되는 것입니다. 우리의 삶 자체가 증거이며 살아가는 모든 과정이 증거입니다.

그러면 우리는 왜 증인의 삶을 살아야 합니까?

"그러므로 너희는 가서 모든 민족을 제자로 삼아 아버지와 아들과 성령의 이름으로 세례를 베풀고 내가 너희에게 분부한 모든 것을 가르쳐 지키게 하라 볼지어다 내가 세상 끝날까지 너희와 항상 함께 있으리라 하시니라"(마 28:19-20)

그것은 구원을 받은 우리에게 주어진 지상 사명이기 때문입니다. 예수님의 최후의 명령입니다. 우리는 복음이 없는 곳에 가야 합니다. 그리고 복음을 듣지 못한 사람들로 제자를 삼아서 구원 받았음을 공포하는 세례를 베풀고 하나님의 말씀을 가르쳐야 합니다. 우리는 주님이 오실 때까지 말씀 전파와 성례 집행의 두 가지 사명을 감당해야만 합니다.

예수님께서는 우리 모두를 전도자로 부르신 것입니다.

"말씀하시되 나를 따라오라 내가 너희를 사람을 낚는 어부가 되게 하리라 하시니"(마 4:19)

사람을 낚는 어부로 만들겠다고 말씀하십니다. 예수님은 우리에게 전도의 방법들을 가르쳐 증인의 삶을 살도록 하시겠다고 약속하십니다. 우리는 어떻게 전도를 배울 수 있습니까? 그 비결은 예수님을 따르는 것에 있습니다. 예수님의 뜻에 순종하는 것입니다.

우리가 회개하여 주님을 영접하면 성령께서 우리의 삶에 들어오시는데 그리스도를 증거할 수 있는 권능도 성령께서 주십니다.

"오직 성령이 너희에게 임하시면 너희가 권능을 받고 예루살렘과 온 유대와 사마리아와 땅 끝까지 이르러 내 증인이 되리라 하시니라"(행 1:8)

복음을 땅 끝까지 전파하는 일에 우리를 사용하십니다. 현재 우리가 있는 곳에서 그치지 않고 지역과 나라를 초월하여 온 세상에 복음을 전파하라고 하십니다. 예수님은 우리에게 명령만 하시지 않았습니다. 가르칠 훈련의 방법, 즉 말씀(지식)을 주셨고 권능도 주셨습니다.

우리가 증거해야 할 복음은 무엇입니까?

"내가 받은 것을 먼저 너희에게 전하였노니 이는 성경대로 그리스도께서 우리 죄를 위하여 죽으시고 장사 지낸 바 되셨다가 성경대로 사흘 만에 다시 살아나사"(고전 15:3-4)

앞의 성경구절에서 복음을 어떻게 설명하고 있습니까?

① ____________________

② ____________________

③ ____________________

우리가 증거해야 될 또 다른 복음의 내용들은 무엇입니까?

- 사도행전 9:20 ____________________
- 사도행전 10:38 ____________________
- 사도행전 10:43 ____________________
- 사도행전 13:28 ____________________

■ 사도행전 13:29 ______________________________

■ 로마서 6:22-23 ______________________________

■ 로마서 10:9-10 ______________________________

■ 요한복음 6:16 ______________________________

■ 마태복음 1:21 ______________________________

■ 사도행전 1:11 ______________________________

우리는 이 모든 내용을 담고 있는 성경 곧 하나님의 모든 말씀을 전하고 가르쳐 지키게 해야 합니다. 우리는 복음의 증인이기 때문입니다.

전도는 일시적 활동이 아닙니다. 일상 속에서 우리는 사랑으로(고전 13:4-7) 능력있는 말씀을 가지고(히 4:12) 전도해야 합니다. 우리는 예수 그리스도 전하는 일을 생활화해야 합니다.

"우리가 그를 전파하여 각 사람을 권하고 모든 지혜로 각 사람을 가르침은 각 사람을 그리스도 안에서 완전한 자로 세우려 함이니 또는 모든 지혜로 각 사람을 권하고 이를 위하여 나도 내 속에서 능력으로 역사하시는 이의 역사를 따라 힘을 다하여 수고하노라"(골 1:28-29)

위의 성경구절에서 바울이 전도를 생활화하고 있었던 것을 볼 수 있습니다. 매일 만나는 사람들을 전도 대상자로 정하여 당신의 삶 자체로 그들을 전도하십시오. 당신의 일상적인 생활들이 바로 전도입니다.

"이같이 너희 빛이 사람 앞에 비치게 하여 그들로 너희 착한 행실을 보고 하늘에 계신 너희 아버지께 영광을 돌리게 하라"(마 5:16)

우리의 육신적인 삶에 대한 교훈입니다. 하나님의 자녀다운 빛된 삶을 살아야 합니다(빌 2:14-16).

그리고 영적인 삶에서도 마찬가지입니다. 바울이 갖고 있었던 열정처럼 마음에 원함과 기도함(롬 10:1)으로 전도가 생활화되어야 합니다. 또 우리가 준비해야 될 것은 무엇입니까?

"너희 마음에 그리스도를 주로 삼아 거룩하게 하고 너희 속에 있는 소망에 관한 이유를 묻는 자에게는 대답할 것을 항상 준비하되 온유와 두려움으로 하고"(벧전 3:15)

말씀에 착념하고 말씀에 굳게 서야 합니다.

다음 성경구절은 효과적인 전도에 대한 구체적이며 단계적인 방법들을 담고 있습니다. 말씀을 찾아 보십시오.

① 당신은 죄인입니다(롬 3:23)

____

② 죄의 결과와 해결방법(롬 6:23)

____

③ 하나님의 사랑(요 3:16)

____

④ 죄의 해결(벧전 2:24, 롬 5:8)

____

⑤ 내가 할 일(요일 1:12, 계 3:20)

____

⑥ 영생의 소유(요 3:36, 5:24, 요일 5:11-13)

____

또 한 가지 효과적인 전도의 방법은 당신의 간증을 들려주는 것입니다.

사도행전 26:1-29에서 바울의 간증을 참고로 하여 당신이 예수 그리스도를 만나기 전의 생활과 그리스도를 만나게 된 경위와 동기 그로 인한 당신의 삶의 변화 등을 소개하여 복음을 전하는 것입니다.
간증을 할 때는 개인적이어야 하며 요점만을 말하여 짧은 시간에 마치는 것이 좋습니다. 내용은 그리스도가 중심이 되어 그분이 무엇을 하셨는가에 초점을 맞추어야 합니다. 성경을 사용하면 더욱 효과적입니다.
당신은 전도할 기회를 얻기 위해 기도하십시오. 또한 전도 대상자의 마음밭을 위해 기도하십시오. 그리고 담대히 예수 그리스도와 그 말씀을 증거할 수 있도록 기도하시기 바랍니다.
지금 구체적으로 전도 대상자를 정하여 전도계획을 세워보십시오

제7과 암송요절

• 베드로전서 5:8 • 누가복음 8:12 • 잠언 1:8 • 요한계시록 20:10
• 마태복음 28:19-20 • 마태복음 4:19 • 사도행전 1:8
• 고린도전서 15:3-4 • 마태복음 5:16

◈ 요약을 위한 질문

1. 적의 이름은 무엇입니까?

① 요한계시록 12:9 ______________________

② 마태복음 9:34 ______________________

③ 고린도후서 4:4 ______________________

④ 요한계시록 12:10 ______________________

⑤ 요한복음 8:44 ______________________

2. 사탄은 어떤 일을 하고 있습니까?

① 누가복음 4:6-8 ______________________

____

② 요한복음 8:44 ______________________

③ 베드로전서 5:8 ______________________

④ 누가복음 8:12 ______________________

⑤ 창세기 3:4-5 ______________________

____

⑥ 욥기 2:4-5 ______________________

____

3. 어떻게 사탄을 이길 수 있습니까?

① 에베소서 6:16-18 ______________________

____

② 야고보서 4:7 ______________________

③ 히브리서 2:14-15 ______________________

____

④ 마태복음 6:13 ______________________

4. 사탄의 최후는 어떻습니까?

① 요한계시록 20:10 ____________________

② 요한계시록 20:2 ____________________

③ 요한복음 12:31 ____________________

④ 이사야 14:15 ____________________

5. 우리의 지상 사명은 무엇입니까?(마 28:19-20)

____

____

6. 우리가 증거해야 할 복음은 무엇입니까?

① 고린도전서 15:3-4 ____________________

____

② 요한복음 3:16 ____________________

____

7. 사도행전 8:26-35에서 빌립이 전한 것은 무엇입니까?

____

8. 빌립의 전도에서 중요한 것은 무엇입니까?

① ____________________

② ____________________

③ ____________________